# Weihnachten hierzuland

IRENE KRAUSS

# Weihnachten hierzuland

DIE SCHÖNSTEN BRÄUCHE UND TRADITIONEN
AUS BADEN UND SCHWABEN

# INHALT

O DU FRÖHLICHE ... 6
ALLE JAHRE WIEDER ... EINE EINFÜHRUNG 9

## WEIHNACHTEN ENTGEGEN 13
DER ADVENTSKRANZ 14
DER ADVENTSKALENDER 18
»WEIHNACHTSMARKT IST HEUTE« ... 26
»UND WIEDER STAPFT DER NIKOLAUS
DURCH JEDEN KINDERTRAUM« 31
DIE (WEIHNACHTLICHE) KUNST DER SÜSSEN SACHEN 37
Weihnachtsklassiker der Region – Springerle 38
Allerlei Verhutzeltes – das Hutzelbrot 42
Die Basler Läckerli 45
Wie die Linzer Torte ins Badische kam 48
Süßer die Kekse nie schmecken ...
Anisbrötle und Ulmer Brot 50

## ... DANN STEHT DAS CHRISTKIND VOR DER TÜR 53
ÜBER DEN URSPRUNG DES WEIHNACHTSFESTES 54
DIE WELT DER WEIHNACHTSKRIPPEN 56
WIE DER WEIHNACHTSBAUM DIE WELT EROBERTE 62
BAUMBEHANG – LICHTER, SPIELZEUG, SPRINGERLE 71
»MORGEN, KINDER, WIRD'S WAS GEBEN« 78
WER BRINGT DIE GABEN? 85
MUSIKALISCHES ZUM WEIHNACHTSFEST 92
FESTLICH SPEISEN 98

# ZWISCHEN SILVESTER UND DREIKÖNIG 101

## SILVESTER UND NEUJAHR  103
Mit Feuerwerk und Lärm ins neue Jahr    104
Brezelglück zum Jahresanfang    106

## STERN-STUNDEN UM DEN DREIKÖNIGSTAG  108
Vom Sternsingen    111
Königlich ins neue Jahr    112
Würfeln um ein Gebäck – der Reutlinger Mutscheltag    114

# ALLE JAHRE WIEDER    116

## DIE AUTORIN  118
## LITERATURVERZEICHNIS (AUSWAHL)  118
## IMPRESSUM  119
## BILDNACHWEIS  119

# O DU FRÖHLICHE ...

Die Malerin Paula Modersohn-Becker hat uns genau darüber ins Bild gesetzt, was ihr Weihnachten bedeutet hat: »Ich wärme mich an diesem Stück Christentum und nehme es entgegen wie ein Märlein.« Zwar zog es Modersohn-Becker zeit ihres Lebens nach Worpswede in Niedersachsen, aber ihre Auffassung von einer märchenhaft anmutenden Advents- und Weihnachtszeit dürfte allerorts zutreffen. Überhaupt dürfte sie mit diesem Gedanken recht haben, denn wo sonst außer im Märchen gibt es Kalender, die man in froher Erwartung Tag für Tag öffnet, um ihnen eine Süßigkeit zu entnehmen? Oder schön geschmückte Tannenbäume, strahlenden Kerzenglanz und Knusperhäuschen aus Lebkuchen, garniert mit Zuckerguss? Dazu kommen die erwartungsvolle Freude der Kinder und deren Glücksgefühl, das sich so im späteren Leben kaum mehr empfinden lässt. Und davon abgesehen: Ist es nicht tatsächlich eine märchenhaft erscheinende Erfolgsstory, dass der anfangs umstrittene Christbaum heute ein Teil der europäischen wie der nordamerikanischen Kulturgeschichte geworden ist?

Ein bebildertes Weihnachtsbuch im eigentlichen Sinne des Wortes ist das vorliegende Werk allerdings nicht, denn obschon viel von (vor)weihnachtlichen Bräuchen und ihren kulturgeschichtlichen Hintergründen, von Weihnachtstraditionen und Backwerken die Rede sein wird, gibt es weder viele illustrierte Rezeptanleitungen noch Basteltipps und Weihnachtsgeschichten. Der Reiz dieses ursprünglich im Jahr 2005 erschienenen und nun wieder neu gestalteten Weihnachtsbuches liegt vielmehr darin, wichtige Symbole und Bräuche des weihnachtlichen Festkreises vorzustellen, wobei der Schwerpunkt auf ihrer Bedeutung in den Regionen Baden und Württemberg liegt. Dabei meinen wir doch, über Weihnachten schon alles zu wissen. Tatsächlich? Ist es nicht so, dass kaum jemand wirklich reflektiert, wie lange es die einzelnen Erscheinungen schon gibt, woher sie kommen und wie sie entstanden sind? Umso wichtiger scheint es mir, die Geschichte einzelner weihnachtlicher Elemente so zu erzählen, dass die Zusammenhänge klarer werden. Denn was uns – gerade im Umgang mit dem weihnachtlichen Festkreis – häufig fehlt, ist die Kenntnis, dass viele vertraute Dinge eine interessante Vergangenheit und eine besondere historische Bedeutung besitzen.

Nicht immer können dabei Baden und Württemberg im Fokus stehen, aber zahlreiche Fallbeispiele belegen doch, dass die Region eine wichtige Rolle spielt, wenn es um weihnachtliche Symbole und Brauchtraditionen bis in die Gegenwart geht.

Das Geschriebene abschließen zu können, ist ein schöner Moment. Das hätte ohne die Hilfe zahlreicher Archive, Museen, Touristikbüros, Verbände und Privatpersonen so nicht realisiert werden können. Sie alle haben durch ihr Gespür für die Sache, ihre Anregungen, ihren

← »Des Kindes Weihnachtstraum« wird in dieser um 1890 entstandenen Illustration ins Bild gesetzt: Das Christkind, Geschenke und ein platzsparend aufgehängter geschmückter Weihnachtsbaum sind mit der Vorstellung einer »märchenhaften« Weihnacht verbunden.

kritischen Blick und ihr Spezialwissen maßgeblich zum Gelingen dieses Buches damals wie heute beigetragen. Ich weiß diese Hilfe sehr zu schätzen und bedanke mich bei allen. Dies gilt auch für die Bereitstellung des Bildmaterials. Hier möchte ich ganz ausdrücklich Bettina Oswald vom Deutschen Weihnachtsmuseum in Rothenburg ob der Tauber Danke sagen, Friederike Haber vom Krippenmuseum in Mindelheim sowie Monika Traub und Herrn Bürgermeister Kevin Wiest aus Oberstadion. Nicht zu vergessen Bettina Kimpel vom Silberburg-Verlag, mit der die Idee dieses Weihnachtsbuches überhaupt erst verwirklicht werden konnte.

Irene Krauß

# ALLE JAHRE WIEDER ... EINE EINFÜHRUNG

Kaum einer vermochte die Poesie der Weihnachtszeit so schön und allgemeingültig auszudrücken wie Joseph von Eichendorff (1788–1857), der mit seinem Bild »Markt und Straßen stehn verlassen, / Still erleuchtet jedes Haus« aus dem Gedicht »Weihnachten« an eine große Sehnsucht rührt: den Traum von Weihnachten als einer stillen, gnadenreichen Zeit.

Ähnlich ergriffen ließ auch Johann Wolfgang von Goethe (1749–1832) seinen »Werther« noch kurz vor dessen freiwilligem Tod an der weihnachtlichen Vorfreude in Lottes Zuhause teilhaben: Werther »redete von dem Vergnügen, das die Kleinen haben würden, und von den Zeiten, da einen [...] die Erscheinung eines aufgeputzten Baumes mit Wachslichtern, Zuckerwerk und Äpfeln in paradiesische Entzückung setzte«.

Heutzutage mag diese weihnachtliche (Vor-)Freude nicht mehr jeder teilen, und man spricht vielfach von Konsumterror, unnötiger Hast und vorweihnachtlichem Terminwahnsinn.

Die meisten Menschen aber zeigen sich nach wie vor gefühlsmäßig berührt vom Weihnachtsfest, das in vieler Hinsicht eng mit unserer Vorstellung von Familiengemeinschaft, Ruhe und freudigen Emotionen zusammenhängt. Und natürlich mit Glaubensvorstellungen von der Geburt Jesu. Dahinter steht aber auch der Wunsch nach einer gewissen emotionalen Bestän-

→ Auch wenn die weihnachtliche Atmosphäre auf dieser historischen Postkarte um 1900 etwas steif anmutet, so war Weihnachten seit dem 19. Jahrhundert doch ein Kinderfest. Infolgedessen waren auch die Geschenke vor allem für die Kinder gedacht, wie der hier aufgestellte Rechenschieber unter dem Christbaum zeigt.

← Romantisierende Motive mit idyllisch wirkenden verschneiten Naturlandschaften gehören heute wie früher (dieses um 1905) zu den Weihnachtskartenklassikern.

digkeit in einer hektischen Welt. Diese Empfindung ist weder neu noch ungewöhnlich. Was prominente Geschichtsschreiber, Philosophen, Schriftsteller oder Musiker zu allen Zeiten dahingehend zu Papier gebracht haben, verdeutlicht die vielfältige Beschäftigung mit dem Fest und seiner großen emotionalen Wirkung. Aber nicht nur das: Viele der Aussagen und Berichte rücken die Wechselbeziehungen zwischen Weihnachten einerseits und dem kulturellen, wirtschaftlichen und sozialen Kontext andererseits ins allgemeine Bewusstsein.

Ein Beispiel: Die Geschichte Weihnachtens ist auch die Geschichte des festlich geschmückten Weihnachtsbaums, der besonders viel literarischen Nachruhm erfahren hat. Zugleich wurden damit auch Informationen zum Zeitgeschehen geliefert. Denn all die glänzenden Glaskugeln oder gedrechselten Miniaturspielzeuge sind eben nicht nur hübsche, aber beziehungslose Spielereien, sondern auch Handelsprodukte und haben demnach einen Stellenwert im Wechselspiel von Kulturgeschichte, Wirtschaft und Politik. Nicht zu vergessen, dass in der Vergangenheit nur ein Teil der Bevölkerung diese Form der weihnachtlichen Idylle genoss. Der wohlhabende nämlich. Der andere Teil, die vielen notleidenden Familien im Erzgebirge und in Thüringen zum Beispiel, waren dringend auf den sehr bescheidenen Verdienst angewiesen, den sie durch die Massenanfertigung genau dieses »Weihnachtszaubers« erhielten. Heim- und Kinderarbeit waren weit verbreitet und hatten wenig mit Festtagsstimmung zu tun.

So dürfte auch das heute noch berühmte Weihnachtslied »Morgen, Kinder, wird's was geben« anfangs nur in begüterten Haushalten gesungen worden sein. Im Gegenzug schuf Erich Kästner 1927 eine bissige Satire auf diese vermeintlich weihnachtliche Idylle und beleuchtete die wirtschaftliche Not in Deutschland: »Morgen, Kinder, wird's nichts geben! Nur wer hat, kriegt noch geschenkt. [...] Einmal kommt auch eure Zeit. Morgen ist's noch nicht so weit.« Das lässt sich ja wohl nur so interpretieren, dass Weihnachten und seine Ausstattung deut-

← Die malerische Altstadt der alten Kaiserpfalz und späteren Reichsstadt Bad Wimpfen am Neckar mit ihren Fachwerkbauten ist die ideale Szenerie für den »Altdeutschen Weihnachtsmarkt«.

lich erkennbar eine soziale Differenzierung zeigten, was wohl einer durchgängigen Lebenserfahrung entsprach.

## WEIHNACHTEN HIERZULAND

Die weihnachtlichen Bräuche und Traditionen aus der Region Baden und Württemberg sollen in diesem Buch den Schwerpunkt bilden. Da wären beispielsweise die Weihnachtsmärkte mit einigen ganz besonderen Attraktionen wie dem »Engelefliegen« in Isny zu nennen. Oder die regionalen Klassiker der Weihnachtsbäckerei, nämlich Springerle oder das Hutzelbrot. Allerdings sei auch ein kurzer Blick über den regionalen »Keksrand« gestattet, denn schließlich gehören die Linzer Torte oder die Basler Läckerli gerade in Baden-Württemberg zum weihnachtlichen Standardrepertoire.

↑ Ein echtes Erlebnis, nicht nur für Kinder, ist das traditionelle »Engelefliegen«, das an allen Tagen des Weihnachtsmarktes in Isny stattfindet.

Noch andere Beispiele mit regionalen Vorzeichen fallen einem ein, etwa die Anfänge des Adventskalenders im württembergischen Maulbronn. Erinnerungen von Gewährspersonen aus der Region belegen zudem, wann und wie eben dieser Adventskalender, aber auch der Adventskranz, der Weihnachtsbaum und die jeweiligen Gabenbringer in den Familien Einzug gehalten haben. Dahinter stehen überraschende Erkenntnisse hinsichtlich des jeweiligen sozialen, wirtschaftlichen und konfessionellen Umfeldes. Ungewöhnlich und teilweise skurril sind auch die bis heute noch vereinzelt stattfindenden vorweihnachtlichen Umzüge verschiedener Gabenbringer, etwa in Steinach. Oder öffentliche Brauchgestaltungen zur weihnachtlichen Einstimmung an Heiligabend wie im schwäbischen Biberach oder im badischen Villingen.

Und so ergibt sich aus dem Zusammenspiel von Allgemeinem und Besonderem aus der Region ein hoffentlich facettenreiches Bild des Weihnachtsfestes einst und heute. Wobei das Fest bei allem Bedürfnis nach Tradition und gefühlsmäßiger Beständigkeit nichts Statisches ist, sondern uns jedes Jahr wieder einlädt, die weihnachtliche Zeit neu zu gestalten und zu erleben.

# WEIHNACHTEN ENTGEGEN

# DER ADVENTSKRANZ

Die Zeit mit den vier Sonntagen, die auf Weihnachten vorbereitet, heißt Advent, vom lateinischen »adventus« = Ankunft. Um das Warten auch visuell erlebbar zu machen, entstand im religiösen Kontext der Adventskranz. Es wird oft vermutet, dass der Adventskranz »lange vor dem Christbaum mit seinen bunten Kugeln« entstanden ist. Wie kaum ein anderes Requisit im Repertoire der (vor-)weihnachtlichen Symbole wird der aus Tannenzweigen geflochtene Kranz als weitaus älter empfunden, als er in Wirklichkeit ist. Tatsächlich aber war ein solches Gesteck im überwiegend katholischen süddeutschen Raum noch bis Anfang der 1930er-Jahre nahezu unbekannt, wohingegen es im protestantischen Norddeutschland immerhin schon um 1900 in vielen Haushalten anzutreffen war. Dahinter steht eine Geschichte, die so erzählt werden sollte, dass die historischen Zusammenhänge klarer werden. Das ist auch für diejenigen interessant, die sich mit den Konfessionen nicht mehr so viel beschäftigen mögen und statt eines Kranzes vielleicht inzwischen nur eine einzelne Kerze anzünden, umgeben von Tannengrün, als Symbol von Licht und Wärme im Wintermonat Dezember.

↑ Bildpostkarte von 1941 mit schlichtem Adventskranz.

↑ Drei Kinder bei weihnachtlichen Vorbereitungen, dazu ein hängender Adventskranz. Scherenschnitt aus dem Heft »Heilige Weihnacht!«, Verlag Carl Hirsch, Konstanz 1933.

## VIER KERZEN AUF TANNENGRÜN

Dass es den Adventskranz keineswegs »schon immer gegeben hat«, kann man an den um 1930 erfolgten Erhebungen im »Atlas der Deutschen Volkskunde« ersehen, oder man befragt seine Eltern und Großeltern, von denen man – jedenfalls wenn sie im deutschen Südwesten leben – manches Mal hört, dass sie den Adventskranz in ihrer Kindheit noch gar nicht gekannt haben. Wobei die Konfessionszugehörigkeit der Befragten eine große Rolle spielt: Im katholisch geprägten Kirchzarten bei Freiburg pflegte man selbst nach 1930 offenbar »nur ganz vereinzelt« den Adventskranz. Eine Selbstverständlichkeit war der Adventskranz auch am überwiegend katholischen Hochrhein in dieser Zeit noch nicht: »Wir waren sieben Kinder«, erklärt eine Gewährsperson, »da hatten die Eltern vor dem Krieg, aber auch während des Krieges für so etwas kein Geld.« – »Wir kannten das gar nicht«, wissen andere aus katholischen Familien in Südbaden, »erst nach dem Krieg hat die Mutter einen mit Kerzen geschmückten Kranz auf den Tisch gebracht.«

Andere Senioren der Jahrgänge 1928 bis 1935 aus Südbaden legen sich zeitlich auf die 1930er-Jahre fest: »Einen Kranz kannten wir als Kinder schon, aber es war damals etwas Neues.« Bescheiden sei der Adventskranz in der Regel gewesen, ohne zusätzliche Dekorationselemente oder Bänder, dafür mit vier schlichten roten oder weißen Kerzen, die dem Ganzen etwas »Feierliches« verliehen hätten. Ein beliebiges Anzünden der jeweiligen Kerzen nach Stimmungslage war nicht üblich: »Nur an den einzelnen Adventssonntagen wurden die Kerzen am Kranz nachmittags angesteckt.« Immerhin seien die in Kerzen das Teuerste am gesamten Gesteck gewesen; ein Erneuern der Lichter wäre für die meisten nicht infrage gekommen. Besonderheiten gibt es natürlich auch: Ein Freiburger Senior entsinnt sich, dass der Adventskranz in seinen Kinderjahren während der 1940er-Jahre an der Decke in der Stube aufgehängt worden sei: »Etwas größer als heute üblich war er, natürlich mit vier Kerzen, aber auch mit roten Bändern.« Später, nach dem Krieg, »war das Aufhängen vom Kranz dann außer Mode«, stattdessen stellte man kleine, selbst gebundene Gestecke auf den Tisch. Die eine oder andere Gewährsperson mag sich auch entsinnen, dass es vor dem Zweiten Weltkrieg schon fertig gebundene Kränze beim Gärtner zu kaufen gab. Die waren aber teuer.

## DER »ERFINDER« DES ADVENTSKRANZES

Die Mischung der Aussagen zum Aufkommen des Adventskranzes in den 1930er-Jahren ist so erstaunlich nicht und belegt, dass der ursprünglich norddeutsche, evangelische Brauch in den katholisch geprägten ländlichen Regionen nur zögerlich aufgenommen wurde. Blicken wir zurück: Historische Tatsache ist, dass die Erfindung des Adventskranzes von Johann Hinrich Wichern (1808–1881) ausging, dem Direktor der Erziehungsanstalt »Rauhes Haus« in Hamburg-Horn. Diese 1833 entstandene Institution setzte sich angesichts des allgemeinen Kinderelends besonders für gefährdete Jugendliche ein. Ein Beitrag, mit dem der protestantische Geistliche Wichern die Jugendlichen auf das Näherrücken des Weihnachtsfestes vorbereiten wollte, war seit etwa 1838 das abendliche Anzünden einer Kerze am 1. Dezember und an den folgenden Tagen jeweils einer Kerze mehr, bis am Heiligabend 24 Kerzen brannten. Damit gab er der Bedeutung vom Advent als der Ankunft des »Lichtes der Welt« eine deutlich sichtbare Kontur – ein Bild, wie es treffender nicht sein könnte! Für die Kerzenfülle des Adventskranzes hatte ein Freund Wicherns einen riesigen Holzreifen gebaut, quasi einen tannenbestückten Kronleuchter, auf den die vielen Lichter gestellt werden konnten und der im Betsaal des Rauhen Hauses als religiöse »Verheißung« aufgehängt wurde.

## VOM PROTESTANTISCHEN NORDEN IN DEN KATHOLISCHEN SÜDEN

Von einer flächendeckenden »Adventskranzkultur« in Deutschland zu sprechen, wäre Ende des 19. Jahrhunderts noch reichlich verfrüht gewesen. Der norddeutsche, protestantisch geprägte Brauch wanderte allmählich in den Süden Deutschlands, allerdings zunächst nur in die protestantischen Familien und das meist im städtischen Bereich. Das hing sicherlich damit zusammen, dass die evangelischen Christen die bevorstehende Ankunft des Herrn seit jeher bei häuslichen Andachten feierten, wohingegen der Katholizismus traditionell mehr im Kirchenraum stattfand. Darüber hinaus war der Adventskranz in bürgerlichen protestantischen Haushalten durchaus auch ein dekoratives Element.

↑ Ein Adventskalender mit dem Motiv eines hängenden Adventskranzes aus dem Richard Sellmer Verlag in Stuttgart, Illustration: Elisabeth Lörcher, Tübingen; um 1950.

Einen gewaltigen Popularitätssprung machte der Adventskranz erst während des Ersten Weltkrieges und danach durch die deutsche Jugendbewegung und deren romantisierendes Naturverständnis sowie eine ideologisierte Lichtsymbolik. Infolgedessen haben sich seit 1932 die Belegzahlen im katholisch geprägten Österreich versechzehnfacht, was – so schätzt man – im Süden Deutschlands ähnlich gewesen sein dürfte. Die Kränze wurden kleiner und die Kerzen reduzierte man auf vier. Obschon die Symbolik des Adventskranzes auch gut mit den liturgischen Vorgaben der katholischen Kirche zu vereinbaren war, übernahm ihn die katholische Bevölkerung Süd(west)deutschlands in Stadt und Land in der Regel also erst im Verlauf der 1930er-Jahre, manchmal sogar erst Ende der 1940er-Jahre.

Heutzutage ist der Adventskranz mit einer Vielzahl dekorativer Ergänzungen in so ziemlich jedem Haushalt zur »Normalität« geworden, auch dann, wenn nicht mehr unbedingt ein religiöser Hintergrund oder eine kirchliche Gesinnung feststellbar sind. Dabei, und das ist wirklich erstaunlich zu hören, gehören die heute 80-Jährigen aus dem katholischen Süden eigentlich zur ersten Generation derer, die den aus Tannenzweigen geflochtenen Kerzenkranz überhaupt kannten.

# DER ADVENTSKALENDER

Auch der gedruckte Adventskalender, ohne den sich die meisten Kinder heute das Warten auf Weihnachten kaum mehr vorstellen können, erscheint uns so selbstverständlich, dass kaum jemand einschätzen kann, wann er entstanden ist. Wer ihn aber als ein typisches Produkt der Wirtschaftswunderzeit und der Konsumgesellschaft der 1950er- und 1960er-Jahre einordnen würde, der täuscht sich. Aus der Hochrheinregion stammende Senioren können sich an einen gedruckten Adventskalender »zum Öffnen« bereits Anfang der 1930er-Jahre erinnern. »Er war recht groß und hing im Flur. Jeden Tag durften wir ein Türchen mit einem bunten weihnachtlichen Bildmotiv öffnen«, erinnert sich eine Gewährsperson, wobei »natürlich nicht jeder von uns drei Kindern einen Kalender hatte, wir mussten uns beim Aufmachen schon abwechseln«. Ein solcher Bericht ist keineswegs eine Ausnahme, denn Gespräche mit Seniorinnen und Senioren aus Südbaden, deren Geburtsjahr zwischen 1928 und 1935 liegt, bestätigen: Egal ob aus katholischen oder evangelischen Familien stammend, ob in wohlhabenden oder eher bescheidenen Verhältnissen aufgewachsen – die meisten entsinnen sich an einen gedruckten Adventskalender, der in seiner einfachsten Form offenbar recht billig im Laden zu erwerben war und Jahr für Jahr wieder hervorgeholt wurde. Eine Triebkraft für seine Entstehung mag gewesen sein, dass es die Erwachsenen leid waren, auf die täglich neu gestellte Frage der Kinder antworten zu müssen, wie viele Tage es noch bis Weihnachten sind. Ganz klar, ein Adventskalender macht die Zeit sichtbar, im einen oder anderen Fall auch verbunden mit dem handfesten erzieherischen Argument, den Kindern Geduld beizubringen, was durch eine tägliche Überraschung belohnt wurde. Solche Ideen waren im protestantischen Umfeld bereits um 1850 entstanden, etwa in Form von Kreidestrichen an der Tür, dem Abbrennen einer Kerze in Abschnitten oder dem Abreißen von Tageskalendern.

## EIN WÜRTTEMBERGISCHER PFARRERSSOHN

Und wann ist der gedruckte Adventskalender nun entstanden? Fallen wir doch gleich mit dem Türchen ins Haus: Er ist in seiner gedruckten Ausgabe erstmals 1904 erschienen und hat damit ein überraschend respektables Alter. Diese Tradition hätten die meisten von uns wohl eher in die Konsumwelt der Nachkriegszeit eingeordnet. Und dieser erste serienmäßig hergestellte Kalender stammt tatsächlich aus dem heutigen Bundesland Baden-Württemberg. Es war der in Maulbronn geborene junge Verleger Gerhard Lang (1881–1974), der ihn herausgegeben hat. Gedacht war er als kostenlose Beilage für die Kinder der Abonnenten einer Stuttgarter Zeitung. Auf den Spuren dieses ersten folgte 1908 der zweite Kalender, der zum allgemeinen Verkauf angeboten wurde. Allerdings waren bereits 1900 und 1902 – dies sei der Vollständigkeit halber erwähnt – in bescheidenerem Umfang ein gedruckter Adventskalender in München beziehungsweise in der Evangelischen Verlagsbuchhandlung in Hamburg erschienen. Aber erst Lang sorgte für den Aufstieg des vorweihnachtlichen Kalenders, den es inzwischen in fast jedem Haushalt gibt.

↑ »Im Lande des Christkinds«, der erste »Weihnachts-Kalender« von Gerhard Lang mit 24 Bildern zum Ausschneiden und einem Bogen mit 24 Feldern für die ausgeschnittenen Teile. Am Heiligabend konnte man das letzte Bild des weiß gekleideten Christkinds aufkleben. Die zeichnerischen Entwürfe dazu stammten von dem populären deutschen Illustrator Richard Ernst Kepler.

Gerhard Lang wurde als Sohn einer kinderreichen Pfarrersfamilie geboren. Die wichtigste Ideengeberin mag Langs eigene Mutter gewesen sein, hatte sie ihm doch in seiner Kindheit auf einen großen viereckigen Karton, der in 24 gleich große Felder aufgeteilt war, eine entsprechende Anzahl kleiner Lebkuchen – gelegentlich ist auch von schwäbischen Wibele die Rede – aufgenäht. Von denen durfte der Junge täglich einen essen. In Erinnerung an seine Kindheit setzte Lang diese Grundidee in grafische Vorlagen um. Sein erster Kalender bestand aus Pappe und hatte 24 nummerierte Felder, die mit Texten versehen waren. Auf diese konnte täglich ein Bildchen aus einem dazugehörigen Ausschneidebogen geklebt werden: »Im Lande des Christkinds«. Allerdings wurde schon bei dieser Version die eigentliche christliche Ikonografie, etwa das Kind in der Krippe, Maria und Josef oder die Anbetung der Hirten, gemieden. Stattdessen waren die den Kindern zugedachten Geschenke wie Puppenstuben, Zinnsoldaten oder Spielzeugeisenbahnen zu sehen. Damit sprach der Verleger sicher vielen Kindern aus dem Herzen. Aus einem Werbeprospekt von Gerhard Lang lässt sich, durchaus werbewirksam formuliert, entnehmen:

↑ »Die kleine Stadt«. Nachdruck des ersten, 1946 erschienenen Adventskalenders aus dem Richard Sellmer Verlag in Stuttgart. Das Verlagshaus hat sich bis heute ausschließlich auf die Produktion und den Vertrieb von Adventskalendern spezialisiert.

Adventskalender »zeichnen sich dadurch aus, dass sie [...] das Gemüt des Kindes besonders ansprechen und so recht den Zauber der bevorstehenden Weihnacht verbreiten. Sie sind farbenprächtig ausgeführt, gediegen ausgestaltet und bleiben unerreicht in ihrem Ideenreichtum und ihrer Abwechslung.«

In der Tat wird bei Langs Kalendermotiven offenkundig, was inhaltlich auf viele Adventskalender bis in die Jetztzeit zutrifft: ein Hang zur Verniedlichung des Weihnachtsgeschehens, eine Darstellung von »Gabenbringern«, Geschenken und Weihnachtsidylle – alles Dinge, die zwar kindlichen Vorstellungen entgegenkommen, aber nicht auf den eigentlichen Kern des christlichen Weihnachtsfestes eingehen.

## WARTEN AUFS CHRISTKIND

Lang war auf dem Wirtschaftssektor der Adventskalenderherstellung lange Zeit überaus erfolgreich tätig. Die Motive und Formen, die Lang bevorzugte und mit ihm seine vielen – großen wie kleinen – Kunden, waren vielfältig: Kalender mit Ziehfiguren, mit Häusern und Kirchen zum Aufstellen und mit Fenstern zum Öffnen, hinter denen sich scherenschnittartige Figuren verbargen, ein Adventsbaum, ein Abreißkalender mit Albumblättern und schließ-

lich auch Adventskalender »zum Öffnen und Ausbrechen«, also die heute gängige klassische Kalenderform mit Fensterchen. Sogar Adventskalender mit Schokoladen-Füllung wurden seit 1925 hergestellt, die sich damals schon als Volltreffer erwiesen, aber eben entsprechend teuer waren. 1930 brachte Lang auch einen Adventskalender für Blinde heraus. In der Regel wiesen alle Kalender 24 Tage auf. Eine Ausnahme bildeten einige Kalender der Zwischenkriegszeit, die mit dem 6. Dezember begannen und als »das schönste Geschenk zum Nikolaustag« beworben wurden.

Innerhalb weniger Jahre eroberten die Kalender die Herzen der Kinder und etablierten sich in den 1920er-Jahren auch international. Ihren Höhepunkt erreichte die Kalenderproduktion in den Jahren zwischen 1926 und 1936. Aufgrund der immer stärker werdenden Konkurrenz auf dem Kalendermarkt kam 1940 das »Aus« für das traditionsreiche Unternehmen von Gerhard Lang, womit die Geschichte der ersten und gleichzeitig bedeutendsten Weihnachtskalenderherstellung in Deutschland endete.

## MÄRCHENHAFTES, POLITISCHES, KULINARISCHES

Allerdings war Lang keineswegs der einzige Hersteller im süddeutschen Raum, dessen Adventskalender in hohem Ansehen standen. 1831 war bereits der Verlag J. F. (Jacob Ferdinand) Schreiber in Esslingen gegründet worden (ab 1988 Esslinger Verlag J. F. Schreiber GmbH, ab 2014 Thienemann-Esslinger Verlag), der neben Ausschneide-, Modellier- und Papiertheaterbogen auch Adventskalender produzierte. Und in Lahr im Schwarzwald entstand 1896 das evangelische Verlagshaus Sankt Johannis Druckerei C. Schweickhardt und stellte ebenfalls lange erfolgreich Adventskalender her.

Mit dem Zweiten Weltkrieg erschienen Adventskalender, die in der Regel an die Kalender der vorangegangenen Jahre anknüpften. Freilich versuchte sich auch der Nationalsozialismus die Tradition des Adventskalenders nutzbar zu machen. Und so erschien 1942 in jenem Franz Eher Verlag München, der auch Hitlers »Mein Kampf« und den »Völkischen Beobachter« herausgab, ein Heftchen mit dem Titel »Vorweihnachten«. Es umfasste für jeden Tag Geschichten, Lieder, Bastelanleitungen und so fort, diente aber in erster Linie der Vermittlung politischer Ideologie.

↑ Adventskranz als Motiv eines Adventskalenders aus dem Verlag Arthur Beyerlein, Leipzig, wohl um 1940.

22  Weihnachten entgegen

↑ »Domplatz«, Nachdruck eines 1947 erschienenen Adventskalenders aus dem Richard Sellmer Verlag, Illustration: Elisabeth Lörcher.

Durch den Weltkrieg war die Entwicklung des Adventskalenders zwar vorübergehend gestoppt, aber keineswegs zu Ende. Ganz im Gegenteil. Seit Mitte der 1950er-Jahre wurden verstärkt wieder Kalender mit Schokoladenfüllung fabriziert, die heute zu den Klassikern der Adventskalender zählen. Verlockendes genug enthalten auch die Kalender für Erwachsene: mit Alkohol gefüllte Pralinen, ein Fläschchen Likör, Parfüm, Kosmetika oder Ähnliches. Zu den am meisten geschätzten Bildmotiven heute gehören nostalgisch gestaltete Winter-, Weihnachts- oder Märchenlandschaften, denen meist jegliche Verbindung zur Realität fehlt. Beliebt sind auch Kultfiguren aus dem aktuellen Kino- oder Fernsehprogramm. Und so konnte der Adventskalender durch die geschickte Verbindung von Tradition und Zeitgeist, von Bewährtem und »Innovationen« die Zeiten überdauern – das Erfolgsprodukt eines baden-württembergischen Unternehmers und ein »Exportschlager« bis heute.

→ BILD NÄCHSTE SEITE: Jedes Jahr zur Adventszeit wird das Rathaus auf dem Marktplatz in Gengenbach zum größten Adventskalenderhaus der Welt. Täglich öffnet sich ein Fenster mehr mit schlussendlich 24 Bildmotiven von renommierten Künstlern. Ein magischer Anziehungspunkt! Die Adventsbilder von 2023 bis 2025, »Paradiese«, sind von dem deutschen Illustrator Olaf Hajek gestaltet worden.

# »WEIHNACHTSMARKT IST HEUTE« ...

Das Gedicht aus dem Jahr 1830 geht weiter: »Zu dem Feste kauft man ein.« So schrieb nicht etwa ein Werbetexter neuerer Zeit, sondern Franz Kugler (1808–1858). Solche Sätze sind sicherlich mehr als nur eine literarische Fiktion: Weihnachtsmärkte waren und sind eben atmosphärisch schöne Einstimmungen auf die Adventszeit und laden ein zum Bummeln, Schauen und nicht zuletzt – zum Kaufen! Schon im 14. Jahrhundert entstand der Brauch, dass Handwerker in der Vorweihnachtszeit auf dem Marktplatz ihre Waren anboten: Krippenschnitzer, Spielzeughersteller, Korbflechter, Bäcker und viele mehr stellten Buden auf und hielten eine »Messe« ab. Weil die Besucher auch damals schon Hunger bekamen, wurden in den folgenden Jahrhunderten nebenbei Würstchen gebraten, Kastanien geröstet und – der berühmte Dresdner Stollen verkauft. Zumindest in Dresden, denn der 1434 erstmals abgehaltene Dresdner Striezelmarkt – zunächst nur am Heiligen Abend abgehalten – zählt mit zu den ältesten vorweihnachtlichen Jahrmärkten Deutschlands. Noch älter sind beispielsweise der Bautzener Wenzelsmarkt von 1384 und der erstmals 1393 erwähnte Frankfurter Markt – alles mehr vorweihnachtliche Einkaufsmärkte denn Weihnachtsmärkte im heutigen Sinne. Für den Nürnberger Christkindlesmarkt, der mittlerweile eine überregional bekannte touristische Attraktion ist, gehen die ältesten schriftlichen Nachweise auf das Jahr 1697 zurück.

Bei aller Kauflust und einem entsprechenden Warenangebot hätten die Beliebtheit und der Umsatz dieser Märkte seinerzeit sicherlich nicht solche Höhen erreicht, wenn nicht zu Weihnachten

← Heinrich Hoffmann (1809–1894), der Frankfurter Arzt und Autor des »Struwwelpeter«, veröffentlichte 1851 das Weihnachtsmärchen in Bildern »König Nussknacker und der arme Reinhold«. Darin ist auch der Frankfurter Weihnachtsmarkt mit einigen Struwwelpeterfiguren zu sehen.

→ Die Vorfreude aufs Fest und die Auszahlung des Lohns für Mägde und Knechte ließ sie so manchen kleinen Geldbetrag auf dem Weihnachtsmarkt etwas leichter ausgeben. Auf dieser Postkarte um 1905 wird ein auf dem Markt erworbener kleiner Weihnachtsbaum, der bereits mit einem passenden Ständer versehen ist, nach Hause getragen. Baumständer gab es übrigens schon länger, das erste gusseiserne Modell war 1866 auf den Markt gekommen.

das Gesinde und die Dienstmädchen einen gewissen Betrag – den »Weihnachtstaler« – erhalten hätten, sodass sie ein wenig mehr Geld als gewöhnlich in der Tasche hatten. Und heute? Man muss Weihnachtsmärkte, die es seit den 1970er-Jahren bundesweit in Hülle und Fülle gibt, nicht mögen und mag sie als ein touristisch inszeniertes Symbol unserer Konsumgesellschaft betrachten. Man kann sie, ungeachtet ihrer Widersprüchlichkeit, aber auch als schöne Gelegenheit betrachten, weihnachtliche Vorfreude und geselliges Beisammensein zu genießen.

## AUF DEM STUTTGARTER WEIHNACHTSMARKT

Bleiben wir in der Region: Der Stuttgarter Weihnachtsmarkt, einer von vielen, gehört zu den größten und traditionsreichsten in Baden-Württemberg. Bereits im Jahr 1507 genehmigte Herzog Ulrich von Württemberg seinen Bürgern in Stuttgart drei Jahrmärkte mit den damit verbundenen Aktivitäten: einen im Frühling, einen im September und einen dritten Ende November, aus dem schließlich der Weihnachtsmarkt hervorging. Urkundlich erwähnt wurde dieser zum ersten Mal 1692 und zwar in einer Urkunde von Magdalena Sybilla, Herzogin zu Württemberg und Teck, die – so hören wir – zu diesem Zeitpunkt die Aufhebung des damaligen Christkindleinsmarktes bestätigte. Die Geschichte dahinter ist reichlich kurios: Aus dem regulären vorweihnachtlichen Wochenmarkt hatte sich im Lauf der Zeit eine Art Weihnachtsmarkt entwickelt, der die Kirche auf den Plan rief, die darin eine zunehmende Entweihung der heiligen Zeit sah. Der Magistrat verzichtete daraufhin auf das vorweihnachtliche Treiben, zeitgleich baten die Stadtväter allerdings um die Erlaubnis zum Abhalten eines Jahrmarktes in Verbindung mit dem im Winter üblichen Pferde- und Viehmarkt. Dagegen gab es offenbar keine Einwände. Der Beginn dieses Vieh- und Jahrmarktes wurde auf den 13. Dezember, ab 1780 auf den Dienstag nach dem dritten Advent festgesetzt. Das war kein Zufall und so war es offenbar ein leichtes Spiel, den althergebrachten Christkindleinsmarkt, den man eigentlich auf Wunsch der Kirche abgeschafft hatte, durch die Hintertür wieder einzuführen.

← Der Stuttgarter Weihnachtsmarkt gehört zu den Attraktionen der Landeshauptstadt und kann jährlich an die drei Millionen Besucher verzeichnen. Rund 40.000 LED-Lämpchen verwandeln am Tag der Eröffnung eine rund 25 Meter hohe Fichte auf dem Schlossplatz in einen prachtvoll schimmernden Weihnachtsbaum.

↑ Alljährlicher Weihnachtszauber in der Ravennaschlucht.

Nach wenigen Jahren stellte man den Viehmarkt ein und der neue Weihnachtsmarkt unterschied sich vom alten nur durch ein noch stärkeres Jahrmarktsgepränge. Der Geschäftsumsatz stieg erheblich und der Weihnachtsmarkt wurde zum beliebtesten Markt in Stuttgart. In der ersten Hälfte des 19. Jahrhunderts hatte dieser laut der »Schwäbischen Kronik« ein derart hohes Ansehen, dass nicht nur Händler aus ganz Deutschland und der Schweiz, sondern sogar aus Belgrad kamen. Ihr vielfältiges Angebot reichte von orientalischen Stoffen, Kleidern und Lebensmitteln bis hin zu Basler Läckerli, Nürnberger Lebkuchen und Hutzelbrot. Bis die Zeitungsreklame aufkam, beschäftigte Stuttgart sogar zwei bezahlte Ausrufer zum Anpreisen des Warenangebotes. Seiltänzer, Gaukler und Spaßmacher trugen zur allgemeinen Belustigung bei, Tanzbären, Elefanten oder Zebras wurden in kleinen Menagerien vorgeführt. Buntes Treiben also und schon damals durchaus konsumorientiert.

## IN DER RAVENNASCHLUCHT IM HOCHSCHWARZWALD

Viele Weihnachtsmärkte sind wunderschön, malerisch und traditionsreich. Der erst 2010 entstandene Weihnachtsmarkt in der Ravennaschlucht im Hochschwarzwald ist sicher nicht historisch alt, aber etwas ganz Besonderes. Seine märchenhafte Atmosphäre ergibt sich aufgrund seiner Lage: Die weihnachtlich dekorierten Verkaufsstände gruppieren sich unterhalb des imposanten, 40 Meter hohen Eisenbahnviadukts der Höllentalbahn und sind umgeben von bewaldeten Hügeln. Kunsthandwerk und Kulinarisches aus dem Schwarzwald werden

↑ Nach dem Engeleflug übernehmen mehrere menschliche »Engel« in weißen Gewändern den mit Nüssen, Mandarinen und Äpfeln prall gefüllten Korb aus den Armen der Engelsfigur und beschenken die anwesenden Kinder.

angeboten. Ein paar Schritte weiter, im angrenzenden Wald bei der Schlucht, gibt es zudem einen beleuchteten Krippenpfad, der gesäumt ist von fast lebensgroßen Holzkrippenfiguren, welche die Weihnachtsgeschichte szenisch nacherzählen.

## BEIM ENGELEFLIEGEN IN ISNY

»Vom Himmel hoch, da komm ich her«, könnte man im beinahe wörtlichen Sinn des Wortes sagen, wenn allabendlich während der Isnyer Schlossweihnacht das sogenannte Engelefliegen stattfindet. Pünktlich um 18.30 Uhr teilt sich ein beleuchteter roter Vorhang am Giebel des früheren Abtshauses und eine lebensgroße blondgelockte Engelsfigur schwebt an einem Drahtseil herunter in den Innenhof der barocken Schlossanlage mit dem Weihnachtsmarkt. Der Brauch wurde erst vor einigen Jahrzehnten wiederbelebt, ist aber mindestens 130 Jahre alt und war seinerzeit auch im ebenfalls evangelisch geprägten Kaufbeuren bekannt. Ursprünglich war der Engeleflug – so Schilderungen aus dem Jahr 1894 – im privaten Rahmen unternommen worden: Am 21. Dezember, dem Thomastag, ließen viele Eltern bei Einbruch der Dunkelheit eine Engelfigur vom Dachboden ein Stockwerk tiefer zu den Fenstern herabschweben, hinter denen die Kinder warteten. Schon vor dem Ersten Weltkrieg waren es dann aber sichtbar weltlich und öffentlich die Senioren aus einem Stift am Isnyer Marktplatz, die Körbe mit Äpfeln und Nüssen an Schnüren auf die Straße zu den Kindern hinabgelassen haben. Eine wunderbare Geste, denn egal ob früher oder heute, für die Kinder in Isny dürfte dieser himmlische Gleitflug ein wahrhaft magischer vorweihnachtlicher Moment sein.

# »UND WIEDER STAPFT DER NIKOLAUS DURCH JEDEN KINDERTRAUM«

Das schrieb einst Erich Kästner. Offenbar aber sorgte der eigentlich als Kinderfreund geltende heilige Nikolaus früher weitaus häufiger für nächtliche Albträume. Jedenfalls erinnert sich die Generation unserer (Groß-)Eltern, beispielsweise in Südbaden, mit Schrecken an den Nikolaus ihrer Kindertage: Gefürchtet habe man sich, fassen mehrere Gewährspersonen ihre Empfindungen in den 1940er- und 1950er-Jahren zusammen. Das konnten auch die wenigen Äpfel, Nüsse oder Mandarinen, die es nach der strengen Befragung des Nikolaus zum Schluss meist noch gab, nicht wettmachen. Immerhin sei er »mit der Rute verklopft« worden, entsinnt sich ein Bad Säckinger Bürger, und eine andere Gewährsperson weiß noch ganz genau, dass ihr älterer Bruder seinerzeit »regelrecht verschlagen« worden sei. Die Reizschwelle mag damals eine andere gewesen sein, aber immerhin hatten die Eltern wohl doch ein Einsehen, denn in den darauffolgenden Jahren sei dann »kein Nikolaus mehr gekommen, weil der Bruder gar so sehr Angst hatte«.

Dabei gilt der Heilige Nikolaus eigentlich als gerecht und überlässt das Strafen weitgehend seinem teuflischen Begleiter, der den ungehorsamen Kindern die Rute »überzieht« oder sie in den mitgeführten großen Sack zu stecken droht. Wobei die Namensgebung beträchtliche landschaftliche Unterschie-

→ Der heilige Nikolaus in vollem bischöflichem Ornat als Bildmotiv auf einem Schwefelmodel. Als Attribut werden dem Heiligen häufig drei aus einem Bottich aufsteigende Knaben hinzugefügt. Nach der Schülerlegende soll der heilige Nikolaus die drei ermordeten Kinder wieder zum Leben erweckt haben.

de zeigt, allein schon in Baden und Württemberg. Neben dem berühmten Knecht Ruprecht und dem »Krampus« (von Krampus = Krallenteufel) agieren unter vielen anderen der Butz (Schwaben) oder der »Pelznickel« am Hochrhein. Allesamt sind die Begleiter des Nikolaus wilde Gesellen, die mit ihrer dunklen Kleidung, dem geschwärzten Gesicht, der Rute und ihrem aggressiven Gebaren ein Gegenbild zum himmlischen Bischof darstellen. Damit entsprachen sie offenbar dem volksnahen Bedürfnis nach einer gewissen Gegenständlichkeit und Konkretisierung des »Bösen«.

Kein Wunder also, dass der für die Kinder bedeutsamste Tag der Vorweihnachtszeit früher der Nikolaustag war. Meist in den Abendstunden vor seinem Festtag zog der Nikolaus in der Rolle des vorweihnachtlichen Gabenbringers, vor allem aber als »Examinator« der Kinder von Haus zu Haus, um – so die (einst) gängige Definition – die braven Kinder nach dem Aufsagen entsprechender Gebete zu belohnen und die bösen zu bestrafen. Was lernen wir daraus? Nun, immerhin so viel, dass es gerade beim Nikolaustag offensichtlich eine enge Verbindung zwischen Geschenkeglück und der Verpflichtung zum kindlichen Wohlverhalten gab.

### GUTE WERKE UND GEBETE AUF DEM »KERBHOLZ«

Vielfach trat der Nikolaus – meist ein Verwandter oder Bekannter im Gewand eines Bischofs – selber auf und überreichte den Kindern Geschenke. Zum Auftakt wurden die Kinder nach

← Als Schrecken bringende Figur und Zuchtmeister agiert der Krampus auf diesem Lebkuchenmodel des 18. Jahrhunderts. Im Rückenkorb befinden sich zwei von ihm mitgenommene »böse« Kinder, ein weiteres führt er an der Hand ab.

ihren Kenntnissen aus dem Katechismus befragt; dieses Vortragen von Gebeten und Versen ist der Kern der Nikolauseinkehr. Diese Art der Prüfungen war seit dem frühen 17. Jahrhundert landauf, landab bekannt. Von evangelischer Seite her war es das Christkind, das mit der Überprüfung der Religionskenntnisse der Kinder beauftragt worden war.

Eine besondere Art, dem Nikolaus Rechenschaft abzulegen, wird anhand der sogenannten »Klausenhölzer« offenbar. Diese quasi zum »Gebetsbeweis« umfunktionierten Hölzer – die üblicherweise als eine Art Lieferschein für ausstehende Zahlungen verwendet wurden –

↑ Unter anderem im alemannischen Alpenraum waren der heilige Nikolaus und der Krampus, eine teufelsähnliche Gestalt mit Hörnern, einer Rute und schweren Eisenketten, am Nikolausabend zusammen unterwegs – quasi als Gut und Böse.

waren vor allem in Schwaben, aber auch in der katholischen Schweiz, in Vorarlberg und in Westtirol üblich. Sie wurden beim Besuch des Nikolaus vorgezeigt. Die noch erhaltenen Hölzer zeigen Einkerbungen, die die Häufigkeit der Gebete belegten oder etwas detailliertere Angaben über die erbrachten Leistungen, etwa »Monika tat ein gutes Werk«. Im vorderen Renchtal ebenso wie in Haslach nannte man diese religiösen Kerbhölzer »Glosenhölzle«, im Westallgäu sprach man vom »Vaterunser-Hölzle« oder vom »Klosaholz«. Heute ist dieser »religiöse Lieferschein« so gut wie nicht mehr anzutreffen.

Überhaupt ist für die Kinder des beginnenden 21. Jahrhunderts ein strafender oder ein allzu fordernder Nikolaus kein Thema mehr; entsprechende Berichte über körperliche Züchtigungen mit der Rute nehmen Kinder inzwischen nur noch mit großen Augen auf. Sie lernen zu Hause wie im Religionsunterricht, dass der Nikolaus »ein braver Mann« ist, der die Kinder hätschelt. Jedes autoritäre Gepräge hat sich heute überlebt und so muss wohl keiner mehr die Frage »Seid

← Geprägte Oblaten- und Glanzbilder, wie hier mit dem Motiv des Nikolaus in vollem Ornat mit Mitra und Stab, dienten unter anderem zur Dekoration für den Weihnachtsbaum oder zum Bekleben von Lebkuchen.

ihr denn auch schön brav gewesen?« mit bangem Herzen erwarten. Der obligatorische Blick ins goldene Buch dagegen sei dem heiligen Nikolaus aber durchaus noch gestattet!

Sehr wohl wissen die Kinder, dass sie ihre Schuhe am Vorabend des Nikolaustages herausstellen sollen, um am nächsten Morgen Geschenke zu finden – meist ein bisschen mehr als »nur« ein paar Mandarinen. Das Bereitstellen der Stiefel hat übrigens eine lange Tradition: In Deutschland ist der Brauch, dass der Gabenbringer Nikolaus in der Nacht vor seinem Festtag umhergeht und in die Schuhe der braven Kinder Geschenke steckt, schon seit etwa 1500 bezeugt. Heute steht der Nikolausbrauch in einem überkonfessionellen Rahmen, denn auch im evangelischen Kirchenjahr wird der Nikolaustag als ein Fest- und Gedenktag betrachtet.

## VORWEIHNACHTLICHES TREIBEN IM SCHWARZWALD

Es gibt noch den einen oder anderen eigentümlich erscheinenden Nikolausbrauch, etwa in Steinach im Kinzigtal. Recht unheimlich wirkt die Gruppe Verkleideter, die an den Abenden vom 3. bis zum 5. Dezember nach Einbruch der Dunkelheit in den Straßen des Dorfes ihr Unwesen treibt. Sie läuft von Haus zu Haus und kehrt überall dort ein, wo eine leuchtende Außenlampe Willkommen signalisiert. Als aktive Brauchträger ragen verschiedene Gestalten hervor: Zum einen ist es der klassisch gewandete Nikolaus mit Mitra und Stab, zum andern eine Santiklaus-Figur in weißer Hose und Hemd mit einer Maske vor dem Gesicht und der obligatorischen Rute in der Hand. Zusammen repräsentieren die beiden in sehr moderater Form das doppelte Tun des Heiligen Nikolaus, das Bescheren auf der einen und das Bestrafen mit der Rute auf der anderen Seite. Wobei die unechten Kinderbeine, die am Tragkorb des Santiklaus baumeln, auf die zumindest früher häufig angedrohte »Mitnahme« von unartigen Kindern verweisen. Übrigens eine sehr alte Drohung zur Einschüchterung von Kindern, die auf das 16. Jahrhundert zurückgeht.

Ebenfalls zur Gruppe gehört die reichlich unheimlich wirkende Gestalt des sogenannten Ruhpelz. Der ist eingehüllt in einen dunklen Pelzmantel, trägt eine schwarze Stoffmaske vor dem Gesicht und eine Pelzmütze auf dem Kopf, dazu eine Kette und eine Rute. Als wäre es damit nicht genug, vervollständigt eine weitere Einzelgestalt die Nikolausgruppe, nämlich die des sogenannten Klausenbigger: eine pferdeähnliche Figur mit einem langen, vorn spitz zulaufenden Tierkopf, großen Ohren, einer Rosskappe und einem entsprechenden Gewand. Aufgrund seines ruhigen Verhaltens im Haus wird diese Figur als Begleittier des heiligen Nikolaus interpretiert, lediglich draußen auf der Straße agiert der Klausenbigger durch wildes Lärmen und hackte früher – zum Teil durch eine eingenähte spitze Nadel durchaus schmerzhaft – mit seinem Schnabel nach Umstehenden.

Heute ist erwartungsgemäß eine deutliche Pädagogisierung des Brauches festzustellen, also ein gemäßigtes, weniger bedrohliches Auftreten der Brauchfiguren vor den Kindern. Aber so viel steht fest: In der Vergangenheit wurden die wilden Gesellen rund um den Nikolausbrauch oft genug als angsteinflößende Erziehungsmaßnahme missbraucht. Etliche Gewährspersonen aus Südbaden jedenfalls erinnern sich mit großem Schrecken an Schläge mit der Rute und übergriffiges Verhalten ... und das noch in den 1970er-Jahren, vielleicht sogar später.

↑ Die »Klausenbigger«-Gruppe gibt es in dieser einzigartigen Zusammenstellung bis heute in Steinach im mittleren Kinzigtal.

Auch im badischen Unterentersbach bei Zell am Harmersbach geht es am Vorabend des Nikolaustages bis heute laut und lärmend zu. Statt des Klausenbiggers kennt man hier allerdings den ebenso furchteinflößend aussehenden »Biggesel« (»Bickesel«), ein tierisches Zwitterwesen mit großem Eselskopf, spitzen Ohren und aufgemalten Augen. Die frühere Brauchpraxis sah vor, dass sich diese Figur auf die unfolgsameren Kinder stürzte und sie erschreckte. Mittlerweile geht es zurückhaltender zu, wobei die ganze Szenerie ein ziemlicher Klamauk ist. Denn begleitet wird der Biggesel von einer Schar schwarz geschminkter und gekleideter Gestalten mit Ruten und Ketten. Dem Treiben Einhalt gebieten kann nur der Bischof Nikolaus, der sich als imposante Hauptfigur Gehör verschafft, indem er das tut, was zu seiner »Jobbeschreibung« gehört: Er lobt und tadelt die Kinder nach dem Aufsagen von Gedichten und verteilt dann Geschenke. Derweil trinken die schwarzen Gestalten in der Küche den einen oder anderen bereitgestellten Schwarzwälder Schnaps. Das gehört eben dazu.

Insgesamt sind die hier vorgestellten Nikolausgestalten nicht neu, aber in ihrer Zusammensetzung durchaus besonders. Gesicherte Erkenntnisse über den Ursprung und das genaue Alter dieser Brauchphänomene gibt es nicht. Vor allem die Begleiter des Heiligen entfalten als Schreckgestalten ihre Aktivität später auf der Straße. Hier verdeutlichen sie in ihrer Verkleidung als Gegensatz zur lichten Nikolausgestalt das Gegenüber von Hell und Dunkel.

Dabei haben sich zwei Bräuche vermischt: Zum einen ist es die Bescherung der Kinder durch den gütigen Nikolaus und die Bestrafung durch den »Biggesel«. Zum anderen ist es aber auch die Darstellung des Kampfes zwischen Licht und Dunkel. Beide Bräuche lassen sich als symbolische Handlungen durchaus mit der christlichen Lehre vereinbaren. Interpretationen solcher Figuren als dämonische Brauchformen außerhalb jeder christlich-religiösen Dimension bleiben dagegen reine Spekulation. Wobei die Tatsache, dass einige dieser wilden Begleiter im Schutz von Dunkelheit und Vermummung als Gruppe Aggressionen entfalten, lärmend und umherwütend durch die Straßen ziehen oder gar Prügel verteilen, natürlich nicht dem kirchlich getragenen Nikolausbrauch entspricht. Eine solche ausufernde »Randale«, oft genug unter Alkoholeinfluss, führte immer wieder zu kritischen Diskussionen, heute ebenso wie früher.

Etwas anders gestaltet sich das Brauchtum in Hirrlingen bei Tübingen. Hier wird seit 1923 – also seit gut 100 Jahren – am Vorabend des Nikolaustages eine von den Jugendlichen des Ortes aufgebaute, rund 15 Meter hohe Holzpyramide abgebrannt und damit der Nikolaus begrüßt. Der tritt in seinem Bischofsornat und begleitet von seinem Gehilfen Knecht Ruprecht aus dem Wald heraus, spricht vor dem lodernden Feuer zu den Kindern und verteilt gedörrte Apfelscheiben, die »Hutzeln«. Nach dem Nikolausfeuer trifft sich die Dorfgemeinschaft in geselliger Runde in den Gasthäusern, um Hefeteig-Gebildbrote, die so genannten Hanselmannen, im Würfelspiel zu gewinnen. Das Gemeinschaftsbildende des Brauches steht hier im Vordergrund.

# DIE (WEIHNACHTLICHE) KUNST DER SÜSSEN SACHEN

↑ Plätzchenbacken war und ist bis heute ein vorweihnachtliches Vergnügen, vor allem für Kinder.

Lebkuchen und Stollen, Spekulatius oder Printen zählen zu den besonders beliebten Weihnachtsgebäcken und sind überall verbreitet. Springerle und Hutzelbrot sowie die in Basel beheimateten Läckerli dagegen sind bis heute mehr im süddeutschen Raum beheimatet. Natürlich sind uns in einer Zeit, in der es überall alles gibt, viele weihnachtliche Spezialitäten aus anderen Gegenden vertraut. Wobei man überrascht sein mag, dass das eine oder andere bereits in der Vergangenheit Anklang in Baden und Württemberg gefunden hat. So schreib vor über 150 Jahren der in Ludwigsburg geborene Dichter Eduard Mörike (1804–1875) nahezu 40 Zeilen über ein berühmtes Frankfurter Marzipan-Konfekt, die »Frankfurter Brenten«. Als Nachtrag ergänzte er:

»In Schwaben hab ich mit dem Rezept
Noch überall viel Ehr' erlebt:
Die guten Frauen lesen's gern,
Und ihre Männer äßen's gern.«

Bleiben wir aber an dieser Stelle bei den Weihnachtsklassikern, die in Baden und Württemberg mehr als anderswo in Deutschland eine besondere Bedeutung haben.

# WEIHNACHTSKLASSIKER DER REGION – SPRINGERLE

Was Springerle genau sind, das wissen in Baden und Württemberg viele. Immerhin ist es das vielleicht populärste Weihnachtsgebäck in süddeutschen Gefilden, das in Modeln ausgeformt wird und nur dann als richtig gelungen gilt, wenn die Oberfläche weiß bleibt und das Gebäck die sprichwörtlichen »Füßle« hat. Den Uneingeweihten sei erläutert, dass sich dafür die getrocknete Oberseite des Backwerks leicht vom feuchteren Unterteil abheben muss. Dass schlechte Springerles-Füße auch schon vor knapp 200 Jahren gehörig an der Ehre einer häuslichen Springerlebäckerin kratzen konnten, verrät uns ein anonymes Basler Hausfrauenrezept, das diesen Qualitätsmaßstab mit den strengen Worten umschrieb: »Kriegen sie (die Springerle) keine Füßchen, so schimpfe die Buben aus oder die Stubenmagd: war schlecht gerührt oder Durchzug in der Stube. Springerli ohne Füßchen sind eine Ärgernuß.«

## GEBÄCK MIT »FÜSSLE«

Die Zeit konnte diesem entscheidenden Qualitätsmerkmal nichts anhaben: In der Tat gelingen die als heikel geltenden Springerle nur, wenn Eier und Zucker so lange schaumig gerührt werden, bis sich der Zucker vollständig aufgelöst hat. Das ist heutzutage mit einer modernen Küchenmaschine und etwas Geduld recht einfach zu bewerkstelligen. Was die Technik des Ausformens angeht, so gibt es zwei Verfahren, über die sich erfahrene Bäckerinnen und Bäcker seit jeher trefflich streiten. Entweder presst man das Teigstück in den Model, oder man verfährt

↑ Springerle – eine Spezialität, die in vielen schwäbischen Familien zum Weihnachtsfest nicht fehlen darf. Backt man sie traditionell in der Adventszeit, so sollte man beim Aufbewahren – kühl und trocken – unbedingt einen Apfel- oder Orangenschnitz in die Blechdose legen. Das Obst muss ab und an erneuert werden, da die Springerle seine Feuchtigkeit aufsaugen.

genau umgekehrt, drückt den Model fest auf den Teig und nimmt ihn senkrecht nach oben wieder ab. Und noch ein Tipp: Den Anis sollte man stets auf das Backblech und nicht in den Teig streuen, da die Aniskörner das Bildrelief (zer)stören könnten. Wichtig ist auch, die ausgemodelten Teiglinge lange trocknen zu lassen – 24 Stunden sollten es schon sein!

Ob die traditionsreichen Springerle nun ihren Namen erhalten haben, weil der Teig auf dem Blech beinahe um die Hälfte seiner Höhe »aufspringt«, also aufgeht, oder nach dem früher so beliebten Motiv des springenden Pferdes – das vermag heute so recht niemand mehr zu entscheiden! Obschon: Wer einmal gesehen hat, wie die Springerle im Backofen »hochspringen«, dem wird die erste Version für diesen überaus griffigen Namen »Springerle« besonders einleuchten. Zum Springen gebracht wurde der Teig jedenfalls mit einer Prise Hirschhornsalz als Triebmittel, Backpulverteig hingegen eignet sich nur für kleine Motive.

Grundsätzlich von den feinen Eierspringerle zu unterscheiden sind die einfacheren Wasserspringerle, die plastisch ausgeformt und bunt bemalt nicht so sehr den eigentlichen Tafelfreuden dienten – sie wären zwar essbar, jedoch recht hart und wenig aromatisch. Aber mit roten Schleifen versehen und zwischen Äpfel und Nüsse gehängt, schmückten sie selbst noch um 1900 zahlreiche schwäbische Christbäume.

## AUF SPURENSUCHE

Die Frage nach dem Entstehen der Springerle lässt sich am besten anhand der vorhandenen Kochbuchliteratur beantworten. Da mag es manchen überraschen, dass das bislang früheste Rezept in einem unscheinbaren Grazer Koch- und Arzneibuch aus dem Jahr 1686 zu finden ist. Allerdings hatte Österreich für die Entwicklung von süßen Sachen häufig eine »Vorreiterfunktion«! Zum Procedere der Bereitung damals heißt es, dass die »Springerl« aus Mehl, Zucker, Ei und Anis sowie Zimt, Nelken, Muskatnuss und Zitronenschale vor dem Backen einen Tag getrocknet werden sollten, um die gebäcktypischen Füßchen zu erhalten.

Volkskundler sind sich weitgehend darüber einig, dass das Gebäck nicht viel älter sein kann als die angeführten Rezepte, wenn auch in früheren Zeiten ab und an dem Springerle ähnelnde Rezepte aufgetaucht waren. Man darf auf jeden Fall annehmen, dass bei dieser zeitlichen Einordnung der Zucker eine wichtige Rolle spielt. Bis ins Spätmittelalter und auch danach noch süßte man mit dem kostengünstigeren Honig. Dem mit Honig gesüßten Springerleteig hätten allerdings die sprichwörtlichen »Füßle« gefehlt, was umgekehrt bedeutete, dass man auf die damals noch kostspielige Zuckersüße angewiesen war.

Wichtig für das erste Aufkommen der Springerle gegen Ende des 17. Jahrhunderts war wohl auch, dass man in gutbürgerlichen Kreisen darin einen wohlschmeckenden Ersatz für den begehrten Marzipan aus den reichen Küchen sah, was genug darüber aussagt, welches Prestigedenken seinerzeit mit den Springerle verbunden war. Was den Fürsten mundete, mochten sich eben auch die Untertanen nicht entgehen lassen!

→ Ein filigran geschnitzter hölzerner Springerlemodel der Familie Gindele aus Ulm, entstanden im Jahr 1699. Die 28 kleinen Bildfelder des insgesamt 76 Zentimeter hohen und 29 Zentimeter breiten Models zeigen unter anderem Reiter, Wappen, Blumen und Fabeltiere.

Daher rühren auch die volkstümlichen Bezeichnungen des Gebäcks wie »Eiermarzipan«, »Marzibaulich« oder »Bauernmarzipan«. Marzipan deshalb, weil die Springerle mehr getrocknet als gebacken wurden und sie daher so vornehm blass wie Marzipan blieben. Für den weißen Springerleteig konnte man handelsübliche Zutaten wie Mehl statt der teuren Mandeln verwenden, dazu Eier und Zucker, wobei Zucker auch damals noch keinesfalls eine »Allerweltssüße« war.

## MODELGESCHICHTE(N)

Überhaupt die Model. Auch die sind natürlich keine alleinige Angelegenheit der Schwaben. Benannt sind die aus Holz geschnitzten Hohlformen nach dem lateinischen »modulus« = Maß, Form. Lange Zeit waren Modelformen und die dazugehörenden Gebäcke den Wohlhabenden vorbehalten und wurden seit dem späten 17. Jahrhundert zu allen möglichen Anlässen des Jahres- und Lebenskreislaufs verschenkt. Die Modelmotive umfassten das, was Menschen eben seit jeher beschäftigt – Alltag und Feste, Geburt, Hochzeit und Tod, Liebe und Glück, Kurioses und Groteskes. Zunächst war die religiöse Thematik vorherrschend, wobei die Bildmotive den wechselnden Festen im Jahreslauf entsprachen. So weisen Bilddarstellungen wie die Krippe, die Anbetung durch die Hirten oder die Verehrung durch die Heiligen Drei Könige auf den weihnachtlichen Festkreis hin. Traditionell populäre Motive waren aber auch Tiere, Blumen und kunstvolle Ornamente, Jagdmotive oder Kavaliere und Damen in prächtiger Gewandung – Szenen also, die durchaus Einblicke in das Alltags- und Arbeitsleben der Menschen bieten konnten.

Überhaupt war man um Motive nicht verlegen. Ganz selbstverständlich schnitzte man die politische oder regionale Geschichte sowie Wappen in Holz, etwa das Wappen des Herzogtums Württemberg. Auch zeitgenössische Mode oder technische Innovationen wie das Luftschiff oder die Eisenbahn waren als Thema im 19. Jahrhundert verbreitet. Dabei muss man sich vor Augen halten, dass in der medienlosen Zeit vergangener Jahrhunderte Springerle einer »gebackenen Illustrierten« gleichkamen, deren Bildmotive viele wichtige Ereignisse und Erscheinungen ihrer Zeit dokumentierten. Erst im Verlauf des 19. Jahrhunderts wurden die Springerle zunehmend zu einem vorweihnachtlichen Saisonprodukt, und das ist bis heute so geblieben.

Was die Modelformen selbst angeht, so konnte sich diese durch Maschineneinsatz im Verlauf des 19. Jahrhunderts ein entsprechend großes Publikum leisten, in Schwaben hatte sie beinahe jede Familie. Lebküchner und Konditoren hatten solche Formen berufsbedingt natürlich schon früher in ihrem Besitz. Gegen Ende des 19. Jahrhunderts wurde die künstlerische Qualität der Springerle allerdings zunehmend schlechter und der einstige Sinngehalt der Bilder geriet weitgehend in Vergessenheit.

Schön anzusehen ist das traditionsreiche Anis-Eierschaumgebäck aber nach wie vor, und lecker ist es bei richtiger Lagerung auch. Und so gehören Springerle, häufig selbst gebacken, aber auch gekauft, für viele in Württemberg und Baden bis heute zur Weihnachtszeit.

# ALLERLEI VERHUTZELTES – DAS HUTZELBROT

»Ein Kobold gut bin ich bekannt
In dieser Stadt und weit im Land;
Meines Handwerks ein Schuster war
Gewiss vor siebenhundert Jahr.
Das Hutzelbrot ich hab erdacht
Auch viele seltsame Streich gemacht.«

So schrieb Eduard Mörike in seinem Märchen vom »Stuttgarter Hutzelmännlein« und verhalf dem Hutzel- oder Früchtebrot damit zu literarischen Ehren. Will man der 1832 entstandenen Fabel folgen, so soll das kleine Hutzelmännlein als Seelentröster aufgetreten sein und für die Bürgerskinder immer einen Laib Hutzelbrot bereit gehabt haben. Ob nun das Hutzelbrot tatsächlich im süddeutschen oder gar Stuttgarter Raum »erdacht« worden ist, das wird sich wohl nie mit Sicherheit feststellen lassen, denn süße Brote mit getrockneten Früchten haben eine lange Tradition! Vom Altertum bis ins Mittelalter nutzte man zum Süßen stets Trockenfrüchte und ab und an Honig. Schon die Ägypter kannten Feingebäcke mit beigemischten Früchten, vor allem mit Rosinen. Deshalb gehört das Früchtebrot zu den Urformen einer Süßigkeit, zumal das Dörren auch die einfachste Form war, Obst zu konservieren.

Bis heute gilt das sogenannte Kletzenbrot, dessen einfachem Brotteig feingeschnittene und getrocknete Birnen die Süße verleihen, als die bekannteste Ausfertigung. Die kleinen, derben und als »klotzig« bezeichneten Früchte schmecken – in der Schale getrocknet – rasch teigig, weich und süß. Das regionale Hutzelbrot erhält seine typische schwarzbraune Farbe vom Saft aufgeweichter Birnenstücke. Diese, vorher geschält und vom Kernhaus befreit, dörren zu den sogenannten »Hutzeln«. Die Bezeichnung leitet sich vom niederdeutschen »hotten«, nämlich »schrumpfen« ab. Zum Gelingen des Hutzelbrotes sind einige Grundregeln zu beachten, die vor allem die richtige Dörrtemperatur und -dauer des Obstes betreffen. Trocknet das Obst zu langsam oder nicht ausreichend lange, schimmelt es. Geht das Trocknen zu schnell, bleiben die Früchte innen feucht

← Nur beste Zutaten für das aromatische Hutzel- oder Früchtebrot: Mandeln, Dörrobst, Gewürze und oft noch ein Schuss Wein.

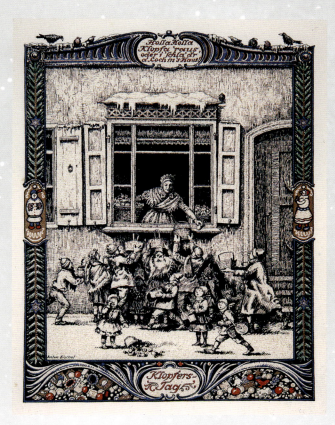

← Die kolorierte Lithografie aus dem Jahr 1922 des in Weißenhorn geborenen Künstlers Anton Bischof (1877–1962) zum Thema »Klopferstag« zeigt eine Kinderschar, die mit recht derben Heischesprüchen um kleine Geschenke wie Lebkuchen oder Äpfel bittet. Auch in Weißenhorn ist der Brauch im Lauf des 20. Jahrhunderts verloren gegangen, bis er um 1986 vom ansässigen Gewerbeverein für einige Zeit neu eingeführt wurde. Anklopfen durften die Kinder aber nur bei den an dieser Werbeaktion beteiligten Geschäften.

und verderben. Dauert der Vorgang zu lange, wird das Obst zu trocken und bricht. Zu hohe Temperaturen wiederum gehen mit hohen Vitaminverlusten einher. Von der richtigen Verarbeitung der Hutzeln also hängt es ab, ob sich das Hutzelbrot lange weich, saftig und frisch hält. Wenn das gelingt, hat das Früchtebrot jede Menge Verehrer, auch prominente, wie einst Friedrich Schiller. Der ließ sich dieses Gebäck noch in späten Jahren von einer schwäbischen Köchin bereiten und servierte es voller Stolz seinen Gästen.

## HUTZELBROT ZUM KLÖPFELTAG

Mit dem Backen des Hutzelbrotes begann man in Baden wie in Württemberg früher um den Andreastag am 30. November. Aus gutem Grund: Zu dieser Zeit begannen die sogenannten Klöpfelnächte, in denen einst die meist jugendlichen Brauchträger durch die Stadt zogen, an die Türen der Häuser klopften und christliche Advents- und Klöpfelverse aufsagten. Der religiös motivierte Gedanke des Anklopfens, um die »Ankunft des Herrn« vorzubereiten, spielte dabei eine wichtige Rolle. Im Gegenzug erhielten die Anklopfer Gaben, die in der Regel aus Hutzelbrot, aber auch aus Lebkuchen, Äpfeln oder etwas Geld bestanden. Bereits im »Weltbuch« des allzeit hilfreichen deutschen Chronisten Sebastian Franck aus dem Jahr 1534 ist eine Darstellung der Klöpfelnachtbräuche überliefert, früheste Belege gibt es Ende des 15. Jahrhunderts. Grundsätzlich konnten solche Heischebräuche mit Nahrungszuwendungen vom rein wirtschaftlichen Standpunkt aus gesehen in früheren Jahrhunderten für Dienstboten und Arme, auch für arme Kinder, ein durchaus wichtiges Zubrot darstellen und boten, wenn man so will, den weniger Betuchten die Möglichkeit, ja sogar die Notwendigkeit, Fehlendes auszugleichen.

Was das Verschenken von Hutzelbrot in Baden, Württemberg, Bayern und Österreich angeht, so war dies früher vor allem an Bedienstete üblich. Das mag damit zu tun haben, dass kurz vor der Weihnachtszeit – Mitte bis Ende November – das bäuerliche Wirtschaftsjahr endete, ein Dienstbotenwechsel anstand und damit Naturalabgaben als zusätzlicher Lohn in der Regel verpflichtend vorgesehen waren.

Heutzutage wird das »Anklopfen« mit »Klopf-an-Versen«, verbunden mit dem Hinweis auf das nahende Weihnachtsfest, in Schwaben, Bayern und Österreich nur noch sehr vereinzelt und vielleicht aus einer gewissen Traditionstreue heraus praktiziert.

## HUTZELBROT (FÜR 3 LAIBE)

### ZUTATEN
250 g gedörrte Birnenschnitze
250 g getrocknete Pflaumen
20 g Hefe
500 g Mehl
125 g Zucker
250 g Feigen
125 g Zitronat und Orangeat
125 g gemahlene Haselnüsse
125 g gemahlene Mandeln
250 g Rosinen
15 g Zimt
1 Prise Salz
1 TL Anis

### ZUBEREITUNG
Birnen und Pflaumen knapp mit Wasser bedecken und über Nacht einweichen lassen. Die Pflaumen entkernen und würfeln, die Birnen im Einweichwasser aufkochen, ebenfalls würfeln und zu den Pflaumen schütten. Zugedeckt über Nacht auskühlen lassen. Am Morgen die Früchte auf ein Sieb schütten. Mit der leicht angewärmten Brühe, Hefe, etwas Mehl und Zucker einen Vorteig ansetzen. Wenn der Teig gegangen ist, das Mehl und alle anderen Zutaten darunterarbeiten. Den Teig gut zusammenkneten, mit Mehl bestäuben und zugedeckt an einem warmen Ort gehen lassen. Sobald das Mehl Risse bekommt, den Teig erneut kneten und anschließend zu Laiben à 500 g formen oder in eine Kastenform füllen. 1,5 bis 2 Stunden gehen lassen. Anschließend die Brote mit etwas zurückbehaltener Schnitzbrühe bestreichen und je nach Größe etwa 1 bis 1,5 Stunden bei 180–200 °C backen. Nach dem Backen noch warm wieder mit Schnitzbrühe bestreichen.

# DIE BASLER LÄCKERLI

Auch in Südbaden schätzt man die weiß gesprenkelten und harten »Basler Läckerli«, die in der nahen Schweiz, genauer gesagt in Basel, zu Hause sind. Immerhin verdankte bereits ein später berühmt gewordener Basler Ratsschreiber den guten Eindruck, den er als Student bei seinen Professoren hinterließ, unter anderem einer Sendung Läckerli, die ihm seine Mutter in seine Universitätsstadt Göttingen übersandt hatte. Voller Dankbarkeit schrieb der Studiosus seiner Mutter: »Ich kann Sie auch beruhigen, dass ich Ehre damit eingelegt habe.« Das war 1748.

Bis heute findet man vor allem in der Weihnachtszeit über die Stadt- und Landesgrenzen hinaus Millionen begeisterter Abnehmer, und so sind die Basler zu Recht stolz auf ihre Läckerli, die in Werbetexten der Stadt in einem Atemzug genannt werden mit dem »Münster, der altehrwürdigen Universität und der Basler Fasnacht«.

## VOM LEBKUCHEN ZUM LÄCKERLI

Lebkuchen sind in Basel bereits seit dem 14. Jahrhundert schriftlich bezeugt und schon damals beliebt gewesen. Bis sich die guten Basler Lebkuchen jedoch zu hochfeinen Basler Läckerli entwickelt hatten, verging reichlich Zeit. Erst im Jahr 1711 wurden die Gewürzleb-

↑ Basler Läckerli. Zwar werden die feinen Honigkuchen in mannigfachen Variationen auch in anderen Gegenden der Schweiz hergestellt, aber überregional beliebt geworden sind nur die aus Basel.

kuchen unter diesem Namen erwähnt und tauchten bei zahlreichen aufwendigen Tafeleien der Basler Zünfte auf. Kein Wunder, dass diese Entwicklung gedauert hatte, schließlich war die dafür benötigte süße Zuckerglasur erst wenige Jahrzehnte zuvor bekannt geworden. Die Verwendung von Kirschwasser allerdings, womit die Läckerli »luftig« gemacht werden sollten, hat sich in Basel früher als in anderen Städten eingebürgert – war doch die Stadt gänzlich von weithin gerühmten Kirschen-Anbaugebieten umgeben. Jedenfalls kamen Läckerli seit dieser Zeit mehr und mehr in Mode.

Die Bäcker hätten zufrieden sein können, wäre da nicht die durchaus ernst zu nehmende Konkurrenz der vielen backkundigen Basler Hausfrauen und -mägde gewesen, die ihre nach streng gehüteten Familienrezepten meisterhaft hergestellten Lebkuchen lediglich zum Backen und Schneiden zum Bäcker brachten. So fand man immer wieder strenge Worte für die »Weibsbilder, Köchinnen und Mägde« oder jammerte gar über »Weibsbilder, die in Wittwenstandt gerathen« waren und, um ihren Lebensunterhalt zu bestreiten, aus schlechten, verdorbenen Zutaten Lebkuchen herstellen und auch noch verkaufen würden. Die so Gescholtenen wussten sich sehr wohl zu wehren und wiesen nicht nur auf die unbestrittene Qualität ihrer Ware hin, sondern auch auf die sicherlich bis heute jeder Stadtkasse genehme Tatsache, dass sie durch ihre Arbeit nicht »wie viele andere, dem Spital (Armenhaus) zur Last gefallen« seien.

Man kann sich vorstellen, dass es früher mühsam gewesen ist, die zähe Masse aus Bienenhonig, Zucker und Gewürzen zu verrühren. Frauen konnten diese Arbeit kaum allein bewältigen und so »lieh« man sich gegenseitig Gärtner, Stadtsoldaten oder Knechte aus, starke Männer jedenfalls, welche die Ingredienzien gemischt und die Teigmasse zusammengerührt haben.

### LECKERE LÄCKERLI AUS DEM LÄCKERLI-HUUS

Wer Läckerli in einer ganz besonderen Atmosphäre kennenlernen möchte, der sollte im Basler »Läckerli-Huus« in der Gerbergasse 57 vorbeischauen oder in der Ausstellung »Genusswelt« im schweizerischen Frenkendorf. Dort erfährt man viel Spannendes zu den Produktionsvorgängen und kann etliche der Läckerli-Spezialitäten probieren. Zudem

← Basler Läckerli in einer aufwendig gestalteten »Pop-up-Dose« mit weihnachtlicher Szenerie.

← Basler Läckerli, stilvoll in einer »Knusperhäuschen-Dose« verpackt.

lässt sich hier eine kleine Auswahl repräsentativer Biskuit- und Bonbondosen bewundern. Denn dem letzten Arbeitsgang schenkt man im Basler Läckerli-Huus bis heute liebevolle Beachtung und fertigt mit Sorgfalt und Hingabe geschmackvolle Verpackungen, bedruckte Kartonschachteln, Blechdosen und Blechtrommeln.

Dem Rezept selbst konnte die Zeit offenbar nichts anhaben, stimmt es doch auffallend mit mehreren Anleitungen aus dem 18. Jahrhundert überein.

## BASLER LÄCKERLI

### ZUTATEN
500 g Honig
250 g Zucker
175 g gehackte Mandeln oder Haselnüsse
120 g Orangeat und Zitronat
2 TL Zimt
½ TL Nelkenpulver
¼ TL Muskatnuss
etwas Kardamom
abgeriebene Schale von 1 Zitrone
2 Likörgläser Kirschwasser
600 g Mehl

### FÜR DEN GUSS
100 g Zucker
2 EL Wasser
etwas Kirschwasser

### ZUBEREITUNG
Den Honig und den Zucker in einer Pfanne auf ca. 75 °C erwärmen. Alle Zutaten dazumischen – zuletzt das Mehl – und alles zu einem Teig verkneten. Den Teig ½ cm dick auswellen und auf ein mit Mehl bestäubtes Backblech legen. Bei etwa 220 °C rund 20 Minuten backen. Den noch warmen Teig mit Zuckerglasur bestreichen. Für den Zuckerguss Zucker und Wasser aufkochen und mit etwas Kirschwasser aromatisieren.

# WIE DIE LINZER TORTE INS BADISCHE KAM

Ein Weihnachtsklassiker in, wenn auch nicht aus der Region ist die Linzer Torte. Vor allem zur Weihnachtszeit wird sie in vielen badischen Haushalten gebacken und auch in den Bäckereien und Konditoreien ist sie als regionaltypisches weihnachtliches Backwerk überall zu haben. Mit ihrer rund 330 Jahre alten Tradition gilt die berühmte österreichische Torte als das älteste nach einer Stadt benannte Backwerk. Was die Torte für uns so interessant macht, ist, dass man bereits 80 Jahre nach ihrem ersten Auftauchen in Österreich auch im Raum Freiburg, wie überhaupt in ganz Baden, von ihr hörte. Das bislang älteste Rezept für eine »Linsen Dorten« in Deutschland stammt aus Freiburg und wurde im Jahr 1775 von Maria Anna Barxlin niedergeschrieben. Das überrascht nur auf den ersten Blick, bevor man sich vor Augen führt, dass dieses Gebiet seinerzeit den Habsburgern gehörte und ein Teil Vorderösterreichs war. Ohne Zweifel hat die bewegte Vergangenheit die Region Baden und Württemberg eben nicht nur politisch, sondern auch kulinarisch geprägt.

## MANDELTORTE DE LUXE SEIT 1696

Über die Entstehung der Linzer Torte gibt es zahlreiche Anekdoten. Am bekanntesten ist der Linzer Konditor Johann Conrad Vogel, der seinen Lehrling während seiner Abwesenheit schier endlos an einer Tortenmasse rühren ließ. Das Ergebnis dieser schweißtreibenden Arbeit konnte sich sehen lassen; die hergestellte Linzer Torte wurde zum Verkaufsschlager. Kann denn eine Tortenentstehung als Legende abgetan werden, wenn Name und Lebensdaten ihres Schöpfers bekannt sind? Sie kann! Zwar ist erwiesen, dass der Lebküchner und Konditor Vogel sein Handwerk in Nürnberg erlernt und 1823 eine Zuckerbäckerei in Linz übernommen hatte, aber erfunden hat er die berühmte Tortenspezialität deshalb noch lange nicht. Diese war nämlich bereits 100 Jahre vor seiner Geburt bekannt. Im Grunde genommen handelte es sich bei der Linzer Torte um die Weiterentwicklung der seinerzeit schon lange verbreiteten Mandeltorte. Im Lauf der Zeit wurde sie zur Linzer Torte verfeinert und mit einer gitterförmigen Verzierung über einer Füllung versehen.

Alles was an Zutaten gut und teuer ist, findet sich in der Torte wieder: Mandeln und Gewürze wie Vanille, Zitrone, Zimt und Gewürznelken, Zucker, Butter, Ei und Mehl. Die erste handschriftliche Überlieferung für

← Linzer Torte – auch im Badischen gehört sie zum Weihnachtsfest dazu.

eine »Lintzer Dortten« mit Teiggitter ist in einem 1696 entstandenen Kochbuch dokumentiert. Später, im 18. und 19. Jahrhundert, folgten die Rezepte Schlag auf Schlag. Es scheint in bürgerlichen Haushalten Österreichs und Badens große Mode gewesen zu sein, Linzer Torte zu backen.

Während sich in den ältesten Rezepten meist überhaupt kein Ei in der Teigmasse befand, tauchte anno 1815 eine Backanweisung mit einer wahren Fülle von Eiern auf. Von sage und schreibe 32 Eiern in einem Linzerteig ohne Mandeln ist da die Rede, was bedeutete, dass auf je ein Achtel der Zutaten ein Ei kam.

Ein weiterer Qualitätsfaktor ist sicherlich die Füllung. In alten Rezepten machte man es sich gelegentlich etwas einfach mit der großzügig auszulegenden Anweisung: »Füll ein, mit was du willst.« So kannte man Füllungen mit Aprikosen oder Himbeeren ebenso wie mit Apfelgelee oder Nüssen. Heutzutage besteht die Füllkomponente entweder aus Himbeermarmelade, wie es in Vorderösterreich, Baden und der Schweiz Usus ist, oder aus roten Johannisbeeren wie in Österreich. Dass man in einem amerikanischen Rezept nach dem Backen Tomaten-Ketchup zwischen die Teiggitter füllt, vergessen wir lieber! Wobei diese Anweisung die Variante eines Rezeptes ist, das schwäbische Auswanderer 1854 in ihre neue Heimat New Ulm (USA) mitgenommen hatten.

Das älteste Rezept einer »Linsen Dorten« aus Deutschland, 1775 in Freiburg entstanden:

## LINZER TORTE

### ZUTATEN
½ Pfund Mandeln
¼ Pfund feiner Zucker
½ Pfund Butter
8 Eier
Schale einer Zitrone
**Vorsicht: Mehlangabe fehlt**

### ZUBEREITUNG
»Nimm ½ lb abgezogene Mandel, ¼ Zucker, stoße es klein, nimm ½ Butter, rühre ihn mit 8 Ayer an, nime die Schallen von einer Citeronen klein geschnitten dazu, rühre alles mit einander wohl, schitte es in einen Reif, lasse es schön gelb bachen, ziere es mit was du willst.«

Weihnachten entgegen

# SÜSSER DIE KEKSE NIE SCHMECKEN ...
# ANISBRÖTLE UND ULMER BROT

Weihnachten, das bedeutet backen, mehr, köstlicher und spezialisierter als zu vielen anderen Hochfesten des Jahres. Die Auswahl ist riesig, selbst wenn man nur an vermeintlich typische Gebäcke wie Spitzbüble, Bärentatzen oder Vanillebrötle denkt, die in der Region besonders beliebt sind. Wenigstens zwei typische Rezepte seien an dieser Stelle angeführt:

↑ Anisbrötle – traditionelles Festtagsgebäck aus einem Anis-Eierschaumteig.

## ANISBRÖTLE

### ZUTATEN
4 Eier
250 g Puderzucker
2 Päckchen Vanillezucker
1 Prise Salz
1–2 EL gemahlener Anis
300 g Mehl

### ZUBEREITUNG
Eiweiß steif schlagen, Eigelb mit Zucker rühren, in den Schnee mischen. Gewürze mit Mehl vermengen und unter die Schaummasse ziehen. Die Masse in einen Spritzbeutel mit Lochtülle füllen, auf gut gefettete Bleche kleine Punkte spritzen. Über Nacht trocknen lassen, bis sich die Plätzchen schieben lassen. Bei 160–180 °C ca. 15 Minuten backen. Das Gebäck soll weiß bleiben.

← Ulmer Brot – feine Schnitten mit weihnachtlichen Gewürzen.

Die typischen weihnachtlichen Gewürze vertragen sich gut miteinander, das beweist das Rezept des Ulmer Brotes. Diese regionaltypische weihnachtliche Spezialität besteht unter anderem aus Eiern, Zucker, Rum, Zimt, Nelken, Kakao und Kaffee. Unverkennbar ist das süße schwäbische Brot durch den Kontrast zwischen dem goldbraunen Teig und der weißen Glasur.

Ulm als Freie Reichsstadt war reich und hatte Zugang zu den früher noch kostbaren und kostspieligen Gewürzen. Offenbar konnte sich ein guter Teil der städtischen Bürger über das tägliche Brot hinaus dieses gewürzreiche Ulmer Backwerk der gehobenen Klasse leisten.

## ULMER BROT

### ZUTATEN
4 Eier
500 g Zucker
125 ml Milch
2 EL Rum
1 TL Nelkenpulver
1 TL Zimt
½ Päckchen Lebkuchengewürz
je 1 TL echter Kakao und Instantkaffee
750 g Mehl
1 Päckchen Backpulver
1 Messerspitze Hirschhornsalz
je 20 g Zitronat und Orangeat

### GLASUR
200 g Puderzucker
2–3 EL Wasser

### ZUBEREITUNG
Die Eier mit dem Zucker schaumig rühren. Gewürze, Kakao und Kaffee sowie den Rum und einen kleinen Teil der Milch hinzugeben. Das mit dem Mehl vermischte Backpulver und das in der restlichen Milch aufgelöste Hirschhornsalz einarbeiten. Erst jetzt das gehackte Zitronat und Orangeat unterziehen. Den Teig nun auf ein gut gefettetes Blech streichen und bei Ober-/Unterhitze 180 °C etwa 25 Minuten backen. Nach dem Abkühlen in Schnittchen schneiden, den Puderzucker mit 2–3 Esslöffel Wasser verrühren und das Brot glasieren.

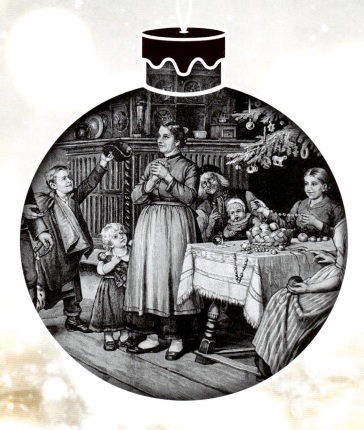

... DANN STEHT DAS CHRISTKIND VOR DER TÜR

# ÜBER DEN URSPRUNG DES WEIHNACHTSFESTES

Was lässt sich über den Ursprung des Festes im Sinne gesicherter historischer Daten sagen? Zunächst das Folgende: Die Festlegung auf den 25. Dezember als den eigentlichen Tag der Geburt Christi resultiert aus dem fehlenden religionsgeschichtlichen Wissen um den genauen Tag und das Jahr von Christi Geburt. Weder im Evangelium des Matthäus noch in dem von Lukas finden sich Angaben zum genauen Datum der Geburt. Sehr sachlich kann man also feststellen, dass Jesus genauso gut an einem anderen Tag zur Welt gekommen sein könnte. Im 4. Jahrhundert wurde der bekannte Termin für die Feier der Geburt Jesu als offizielles Datum festgelegt. Die Wahl dieses Weihnachtsdatums könnte durchaus auch mit der kirchenpolitischen Absicht verbunden gewesen sein, bestehende heidnische Riten und Feste mit christlichen Inhalten zu füllen, also den Versuch zu unternehmen, die verschiedenen heidnischen Geistesströmungen innerhalb des römischen Reiches zu kanalisieren.

Bleibt noch die Frage nach dem Ursprung des Wortes »Weihnachten«. Dabei stößt man auf den mittelhochdeutschen Begriff »ze wihen naht«, das heißt »in den geweihten Nächten«. Erstmals tritt diese Formulierung 1170 in der Literatur bei dem bayerischen Spielmann und Spruchdichter Spervogel auf: »Er ist gewaltic unde starc, der ze wihen naht gevorn wart: daz ist der heilige krist …«

Symbole und Bräuche rund um Weihnachten etablierten sich in den darauffolgenden Jahrhunderten nach und nach. Bereits im späten Mittelalter fügte die christliche Kirche zunächst

↑ Jahreskrippe des Krippenmuseums Oberstadion, erbaut 2008. Der Krippenbau, die Szenen und die handgeschnitzten Figuren stammen von Tobias und Herbert Haseidl aus Oberammergau.

↑ Der Wandel des Weihnachtsfestes vom kirchlich geprägten religiösen Fest hin zu einem bürgerlichen Kinderfest mit Bescherung führte seit Ende des 19. Jahrhunderts zu vielen romantisierenden Postkartenmotiven. Das weiß gekleidete, engelsgleiche Christkind, der mit Kerzen geschmückte, leuchtende Weihnachtsbaum und die Geschenkefülle waren als Zusammenstellung besonders beliebt. Um 1900.

die Krippe und die Krippenspiele hinzu. Die Tradition des Schenkens am Weihnachtsabend wiederum hängt eng mit der Entwicklung des Protestantismus zusammen. Dieser versuchte sich gegenüber dem katholischen Glauben abzusetzen, indem er im 16. Jahrhundert die Kinderbescherung durch den heiligen Nikolaus vom 6. Dezember mehr und mehr auf den Weihnachtstag verlegte, um dem Weihnachtsfest eine größere Bedeutung zu verleihen. Die enge Beziehung zwischen Weihnachten und dem geschmückten Baum hat dagegen eine vergleichsweise kurze Geschichte, denn erst im frühen 19. Jahrhundert, in der Zeit des Biedermeier, fand der Kerzen tragende Weihnachtsbaum endgültig Eingang in die Häuser des aufstrebenden Bürgertums. Gemeint ist damit auch, dass sich in dieser Zeit des relativen Wohlstands Weihnachten vom religiösen Kirchenfest zunehmend zu einem bürgerlichen Bescher- und Familienfest entwickelte. Und so gibt es Weihnachten als – sagen wir – »ganzheitliche Erscheinung« mit Weihnachtsbaum, Krippe, Geschenken und im Familienkreis gesungenen Liedern erst seit rund 170 Jahren. Dabei ist nicht zu übersehen, dass es die christliche Kirche ist – und zwar über die Konfessionsgrenzen hinweg –, die über Jahrhunderte hinweg brauchbildend gewirkt hatte.

# DIE WELT DER WEIHNACHTSKRIPPEN

Der Begriff (Weihnachts-)Krippe umfasst die figürliche Darstellung des Weihnachtsgeschehens, also die Wiedergabe der Heiligen Familie im Stall zu Bethlehem in Verbindung mit der Anbetung der Hirten und den Heiligen Drei Königen. Die christliche Kirche fügte die Krippe vom späten Mittelalter an als eines der frühesten Brauchelemente zur Weihnachtsfeier hinzu – allerdings nur im öffentlichen Kirchenraum. Erst seit dem 18. Jahrhundert entwickelte sich die hauseigene Krippe in den katholischen Regionen Deutschlands zum Rückgrat des familiären Weihnachtsfestes. Deutlich später geschah dies im protestantischen Mittel- und Norddeutschland. Hier stand der Weihnachtsbaum im Zentrum des Festgeschehens, während die Krippe als katholisches Brauchelement lange Zeit abgelehnt wurde.

## DAS ÄLTESTE »FATSCHENKIND« DER WELT AUS SCHWABEN

Mithilfe der Krippenszenerie sollten das Weihnachtsgeschehen und damit die Menschwerdung Christi sinnlich-plastisch veranschaulicht werden. Diesem Zweck dienten auch die sogenannten Fatschenkinder (von lateinisch »fascia« = Binde, Wickelband). Das sind – was vielleicht heute nicht mehr so bekannt ist – kleinformatige Figuren des Jesuskindes, deren Kopf in der Regel aus Wachs geformt und deren Körper mit kostbaren Seidenstoffen, Spitze und Borten umwickelt war. Solche bereits im Mittelalter in Süddeutschland und Österreich hergestellten Andachtsobjekte dienten in den Klöstern der persönlichen Frömmigkeit, stellten aber auch einen Mittelpunkt weihnachtlicher Festfreude dar. Das älteste derzeit bekannte

← Sitzendes »Jesulein« (»Haushälterle«), Holz, polychrom gefasst, Schwaben, um 1300. Dieses bislang älteste bekannte »Jesulein« der Welt stammt aus einem Kloster in Leutkirch und kam nach dessen Auflösung 1803 zu den Mindelheimer Franziskanerinnen. Den ungewöhnlichen Namen erhielt die Figur, weil sie im Kloster durch ein Wunder für ausreichend Brot gesorgt haben soll.

← Das schreitende Christkind, Holz, Ulm, 1495. Der Ulmer Bildschnitzer Michael Erhart galt als bedeutendster Künstler der Stadt und schnitzte mit der Darstellung des Christkindes eine ausgesprochen lebensechte Figur. Mit der sehr naturalistisch dargestellten Nacktheit des Christkindes beabsichtigte man um 1500, die Fleischwerdung Gottes sichtbar zu machen. »Gott ist wirklich Mensch geworden«, sollte die Botschaft sein.

»Jesulein« der Welt ist um 1300 in Schwaben entstanden, genauer gesagt in einem Kloster in Leutkirch. Heute ist es im Schwäbischen Krippenmuseum in Mindelheim zu sehen.

Auch bei dem seit dem Mittelalter und bis ins 19. Jahrhundert belegten liturgischen

↑ Die um 1840 entstandene heutige Weggentaler Krippe mit ihrem großen Krippenberg zeigt in der barocken Wallfahrtskirche bei Rottenburg am Neckar von Weihnachten bis Lichtmess fünf verschiedene Krippenbilder. Der schwäbische Mundartdichter Sebastian Blau alias Josef Eberle (1901–1986) hat dieser Krippe 1947 ein literarisches Denkmal gesetzt.

↑ Zum Teil 250 Jahre alte Krippenfiguren im Kloster Bonlanden erzählen im Panorama eines Krippenweges 16 Szenen aus der Weihnachtsgeschichte.

Spiel des weihnachtlichen »Kindlwiegens« in der Kirche stand das Fatschenkind im Mittelpunkt: Gläubige zelebrierten diesen Brauch vor der Krippe, sangen Weihnachtslieder, wiegten das Jesuskind und reichten es umher. In der evangelischen Kirche hatte sich dieser Brauch des »Kindlwiegens« bereits im 17. Jahrhundert verloren.

## »EUCH IST HEUTE EIN KIND GEBOREN«

Zur szenischen Veranschaulichung des Weihnachtsgeschehens verbreiteten sich nach Vorformen im Hoch- und Spätmittelalter, wie dem von Franz von Assisi mit lebendigen Tieren präsentierten Krippenspiel im Wald von Greccio am Heiligen Abend 1223, seit Mitte des 16. Jahrhunderts Weihnachtskrippen, die während der Weihnachtszeit im öffentlichen Kirchenraum aufgestellt wurden. Eine der frühesten Krippen wurde 1562 in Prag von den Jesuiten gebaut. Wirklich durchsetzen konnte sich die Krippe in der katholischen Kirche allerdings erst in der Barockzeit. Es waren neben den Franziskanern und Serviten vor allem die Jesuiten, die zu den leidenschaftlichen Befürwortern dieser volkstümlichen Frömmigkeit gehörten. Ihr Gedanke war, Glaubensinhalte mit Hilfe szenischer Darstellungen zu versinnbildlichen und die Gläubigen wortlos in ihren Bann zu ziehen. Wo sich gerade im Schwäbischen Niederlassungen des Jesuitenordens ansiedelten, entstanden »Krippenzentren«, wie etwa in Rottenburg am Neckar, in Ellwangen oder in Rottweil.

Eine der größten und schönsten Krippen Baden-Württembergs befindet sich im Kloster der Franziskanerinnen von Bonlanden, zwischen Memmingen im Allgäu und Biberach gelegen. Immerhin 254 holzgeschnitzte, gefasste und stoffbekleidete Engel- und Menschenfiguren, zwischen 22 und 25 Zentimeter hoch, sowie 124 Tierfiguren bilden den Grundstock des Krippenwegs. Dazu kommt eine Fülle von detailreich ausgestalteten Einzelbauten, Stadtansichten und Landschaften. Die ältesten Teile reichen bis Anfang des 18. Jahrhunderts zurück. Das Besondere an dieser begehbaren Krippenlandschaft ist die volksnahe Lebendigkeit der Darstellung, etwa eine große Szenerie des Dorf- und Marktlebens mit entsprechend typischen Figuren: dem Uhrmacher aus dem Schwarzwald, dem Schirmhändler vom Banat, dem Obsthändler vom Bodensee, Metzgern und Köchinnen. Das »Haus Nazareth« der Krippe beispielsweise ist eine Nachbildung des ältesten Gebäudes im Dorf Bonlanden, nämlich des 1699 errichteten Kornspeichers. Dazu sind oberschwäbische Landschaften und Allgäuer Berge zu sehen. Das war ein guter Einfall und sollte zeigen, dass die Heilsgeschichte ein Teil der Lebenswirklichkeit der Betrachter ist. Insgesamt dürfte die Krippe eine besonders sinnige Verbindung zwischen der biblischen Botschaft »Euch ist heute ein Kind geboren« einerseits und dem Hier und Jetzt des Krippenstandorts andererseits darstellen.

Die Zeit der Aufklärung mit ihrem Wunsch nach »Nüchternheit« kam der Krippenkultur nicht gerade entgegen. Man muss das wissen, denn aufgrund der nunmehr geringen Wertschätzung der Krippen im Kirchenraum und ihrer gesetzlich verordneten Einschränkung um 1782 hätte die Krippenkultur zu Ende sein können. War sie aber nicht, vielmehr verlagerten sich die Krippen in die Privathäuser. Zu diesem Zweck entstanden kleine Eckkrippen sowie Krippenkästchen, bei denen die Figu-

→ Zu Beginn des 19. Jahrhunderts in Mindelheim entstandene Kastenkrippe der Familie Vogg mit Miniaturfiguren von Anton Schuster (1777–1835).

ren meist durch eine gläserne Vorderwand geschützt waren. Vor allem in adeligen Haushalten in den katholischen Regionen Deutschlands bildeten sie eine weihnachtliche Konstante. Wobei das Aufstellen einer kostspieligen Krippe eindeutig mit dem sozialen Status einherging, das heißt im Wesentlichen vom Geldbeutel abhing. Als dann Ende des 19. Jahrhunderts Krippenfiguren aus verhältnismäßig preisgünstigen Materialien wie Terrakotta oder Pappmaché seriell hergestellt wurden, konnten sich auch weniger wohlhabende Privatpersonen eine Krippe in ihre Stube stellen. Jedenfalls war die Hauskrippe im frühen 20. Jahrhundert in katholischen Familien weit verbreitet. Im evangelischen Deutschland wurde die als typisch katholisch geltende Krippe lange Zeit verworfen. Erst im Laufe des 20. Jahrhunderts verbreitete sie sich allmählich, allerdings mehr im Sinn eines Schmuckelementes denn als Vergegenwärtigung religiöser Inhalte.

Heute gehören Krippen verschiedenster Formen und Stile zum festen Repertoire der kirchlichen, aber auch der häuslichen Weihnachtsfeier beider Konfessionen.

## LEBENDIGE BILDER – KRIPPEN AUS PAPIER
Neben den Krippen mit halb- oder vollplastischen Figuren aus Holz oder Plastik gibt es auch Krippen aus Papier, einfache und schlichte ebenso wie besonders farbenprächtige und vielfigurige Szenen. Die Anfänge solcher auf Papier gedruckten Krippen(figuren) zum Ausschneiden lassen sich im deutschsprachigen Raum anhand der überlieferten Bogen bis ins frühe 18. Jahrhundert zurückverfolgen.

Die eigentliche Blütezeit der Papierkrippen begann jedoch erst im Verlauf des 19. Jahrhunderts, da die im Lithografieverfahren hergestellten Bogen nun in großer Zahl und entsprechend kostengünstiger hergestellt werden konnten. Nehmen wir im württembergischen Raum noch einmal das Beispiel des Verlags J. F. Schreiber in Esslingen, der um 1878 mit der Herstellung von Ausschneide-, Modellier- und Papiertheaterbogen begonnen hatte und dabei auch weihnachtliche Themen wie Krippen in sein Verlagsrepertoire aufnahm. Solche Krippen, die aus bis zu 10 Bögen – Krippenhintergrund, Stall und Figuren zum Ausschneiden – aufgebaut sein konnten, wurden von Schreiber seinerzeit in großen Mengen produziert. Im Vergleich zu einer Krippe mit aus Holz geschnitzten Figuren waren sie kostengünstig und Platz sparend. Der Preis für einen großen Ausschneidebogen um 1910 beim Schreiber-Verlag betrug 0,20 Reichsmark – also eigentlich nicht viel. Dem gegenübergestellt sei der ortsübliche Tageslohn von 3,50 Mark für einen männlichen Arbeiter in Stuttgart, für weibliche lag er bei nur 2,30 Mark. Allein für einen Laib Brot musste man zwischen 13 und 17 Pfennige zahlen.

Das Wenige macht deutlich, dass auch diese Papierkrippen mit Sicherheit nicht für jeden bezahlbar waren. Dennoch fanden die Krippen in Privathaushalten weite Verbreitung und waren ziemlich populär.

↑ Die um 2008 gefertigte Krippe in der Gedenkstätte für Christoph von Schmid im Rathaus von Oberstadion wurde nach Vorlagen des ehemaligen örtlichen Pfarrhofes, wie er 1816 aussah, gebaut. Zu sehen sind die Pfarrscheuer, in der sich heute das Krippenmuseum Oberstadion befindet, das Pfarrhaus, in dem Christoph von Schmid von 1816 bis 1827 wohnte, und das Gebäude des Kindergartens.

## DAS WEIHNACHTSGESCHEHEN ALS BILDERBUCH ZUM AUFSTELLEN

Das alles ist aber nichts gegen eine bereits 1888 vom Schreiber-Verlag auf den Markt gebrachte aufklappbare Faltkrippe in Form eines Bilderbuches. Beim Aufklappen staffelten sich die Figuren automatisch hintereinander. Diese fix und fertig zusammengebaute Krippe wurde seinerzeit denn auch mit den begeisterten Worten beworben: »Man stellt es (das Bilderbuch) auf, klappt es auseinander, und in plastischer Darstellung sieht man in reizender Gruppierung die Heilige Familie im Stalle und die Anbetung der Weisen aus dem Morgenlande. Es ist dies eine recht sinnige Weihnachtsgabe.«

Diese bis 1931 produzierten Krippen, die rasch die Herzen der Kinder erobert hatten, wurden entsprechend gut verkauft: 1903 konnten 1080 Krippen veräußert werden, 1905 waren es nur 630, 1909 dann wieder 1178 und in den Kriegsjahren 1913/14 immerhin 608 Stück.

Ganz zu Ende ist die Geschichte der Weihnachtskrippen nicht. Nach wie vor werden solche auf große Bogen festen Papiers gedruckte Krippen zum Ausschneiden von einigen wenigen Verlagen oder Museen, oft als Reprints, angeboten. Vielleicht also auch heute noch eine durchaus »sinnige Weihnachtsgabe«?

# WIE DER WEIHNACHTSBAUM DIE WELT EROBERTE

»Und wenn du folgst und artig bist,
dann ist erfüllt dein Traum,
dann bringet dir der heil'ge Christ
den schönsten Weihnachtsbaum.«

Was der deutsche Hochschullehrer Heinrich Hoffmann von Fallersleben (1798–1874) – mit unmissverständlich pädagogischer Zielsetzung – hier zu Papier brachte, ist ein Beleg für die Bedeutung des Weihnachtsbaums. Überhaupt ist viel Idylle und Rührung in der Lyrik rund um den im Lichterglanz erstrahlenden Baum. Selten wird die andere Seite abgebildet, wie in Erich Kästners bereits erwähntem Gedicht »Morgen, Kinder, wird's nichts geben«: »Gänsebraten macht Beschwerden, Puppen sind nicht mehr modern«, und nicht zuletzt: »Ohne Christbaum geht es auch.« Arme Familien konnten sich meistens keinen Baum leisten, stattdessen schmückten sie – wenn überhaupt – ein Gestell aus Holz oder Draht mit bescheidenen Anhängern. Da liegt die Schlussfolgerung nahe, dass der Tannenbaum immer mehr war als ein beliebiges weihnachtliches Dekorationselement. Er war zumindest in früheren Jahrhunderten durchaus auch ein Indikator gesellschaftlicher Verhältnisse. Und der Konfession, wie im Folgenden zu sehen sein wird.

## VOM GRÜNEN »MAIEN« ZUM GESCHMÜCKTEN WEIHNACHTSBAUM

Hat der Weihnachtsbaum nun eigentlich christliche Wurzeln und wenn ja, welche? In den dunkelsten Tagen des Jahres schmückte man die Häuser und Gehöfte sowie die Wohn- und Stalltüren gerne mit grünen Zweigen, mit Eibe, Efeu und Buchsbaum, vor allem aber mit Fichten- und Tannenzweigen – ein Brauch, der im mittelalterlichen Deutschland häufig mit kirchlichen Verboten belegt wurde. Aus dieser Form des pflanzlichen Wintergrüns ist aber keineswegs die Schlussfolgerung zu ziehen, dass unser Weihnachtsbaum auf die immer wieder gern bemühten »heidnisch-germanischen Ursprünge« zurückzuführen ist. Der ursprüngliche Gedanke des Grünschmucks ist in den Zusammenhang einer Kultur einzuordnen, deren Weltbild von in der Landwirtschaft arbeitenden Menschen bestimmt war, die mit grünen Zweigen religiös-magische Vorstellungen verbanden und sich davon neue Lebenskraft und Fruchtbarkeit erhofften. Das Grün war ein Sinnbild des Lebens!

Der erste Schritt vom bloßen Grün auf den Plätzen zum geschmückten Weihnachtsbaum drinnen vollzog sich im Verlauf des 16. Jahrhunderts. Vom Elsass aus, wo beispielsweise in Straßburg schon 1535 mit Bäumen gehandelt und 1605 über reich geschmückte Bäume in der Stube berichtet worden war, verbreitete sich der Weihnachtsbaum ganz allmählich in

↑ Dass das Weihnachtsfest im ausgehenden 19. und beginnenden 20. Jahrhundert eine städtisch-bürgerliche Prägung hatte und Ausdruck von sozialem Status war, wird in dieser inszenierten Darstellung deutlich.

Deutschland. Und zwar offenbar von Norden nach Süden, und, auf die Gesellschaftsklassen bezogen, von oben nach unten. Was die Konfessionen angeht, so waren es lange Zeit nur die Protestanten, die den Weihnachtsbaum wertschätzten.

Zunächst sind nur Berichte aus dem Festgeschehen des städtischen Handwerks und der Zünfte bekannt, nicht aus der Familienstube. Die erste Nachricht oder eine der ersten dazu stammt aus einer Bremer Zunftchronik von 1570, die ausführlich von einem kleinen Tannenbaum erzählt, der mit Äpfeln, Nüssen, Datteln, Brezeln und Papierblumen geschmückt und im Zunfthaus aufgestellt war. Die Kinder der Zunftgenossen durften diesen Baum dann zu Weihnachten abschütteln. Besagter »Paradiesbaum« war seinerzeit also offenbar weniger ein Symbol der Weihnachtsgeschichte und der Geburt Jesu, er versinnbildlichte die Geschichte Adams und Evas und des Sündenfalls.

Ähnliche, vielleicht etwas jüngere Parallelberichte kennen wir von den Schneidergesellen in Basel oder aus den elsässischen Orten Schlettstadt und Türkheim, wo die Stubenmeisterrechnungen zwischen 1597 und 1669 regelmäßig die Ausgaben für Äpfel, Oblaten und anderen Weihnachtsbaumschmuck verzeichneten. Die symbolische Bedeutung dieser frühen Formen des Christbaumschmucks liegt auf der Hand: der Apfel als Zeichen des Sündenfalls und der Vertreibung aus dem Paradies; die Hostie hingegen das Symbol der Geburt Christi, mit der die Erlösung von der Sünde ihren Anfang nahm. Von Kerzen ist noch keine Rede. Die gern zitierte Quelle übrigens, in der behauptet wird, die Freiburger Bäckerzunft habe bereits 1419 einen mit Äpfeln, Oblaten und Lebkuchen geschmückten Baum aufgestellt, entspricht nicht der historischen Realität.

## ABGÖTTEREI UND LAPPALIE – DER UNGELIEBTE WEIHNACHTSBAUM

Wie so vieles ist auch die Verbreitung des Weihnachtsbaums keineswegs ein geradliniger Prozess. Im Elsass beispielsweise erließ man 1525 ein Verbot »betreff das Abhacken des Weihnachtsgrüns«. Auch der deutsche Prediger Geiler von Kaisersberg (1445–1510) empfand den Brauch des Weihnachtsbaums vor über 500 Jahren (1508) als gesellschaftlich alarmierend und »heidnisch«. Die Heiden hätten um Neujahr den Januar oder Janus geehrt, »etlich mit tantzen und springen [...], ander mit Danreis legen, ander mit bechten (schmau-

↑ Lichterglanz und Bescherung. Historische Postkarte nach einer Bildvorlage des in Nördlingen geborenen Malers Johann Michael Voltz (1784–1858).

64 ... dann steht das Christkind vor der Tür

↑ Zur Weihnachtsfreude gehörten für Soldaten sicherlich die Familie und der hängende Weihnachtsbaum in der Stube. Um 1890 entstandene Illustration »Im Weihnachtsurlaub«.

sen).« Diese Art Argumente zogen sich durch die Geschichte: Der lutherische Prediger am Straßburger Münster, Conrad Dannhauer, geißelte 1642 von der Kanzel herab die unschuldige Freude am Weihnachtsbaum als »Abgötterey«: »Unter anderen Lappalien, damit man die ganze Weihnachtszeit oft mehr als mit Gottes Wort und heiligen Übungen zubringet, ist auch der Weihnachts- oder Tannenbaum, den man zu Hause aufrichtet, denselben mit Puppen oder Zucker behängt, und ihn hiernach schütteln […] lässt.« Für all diese Gelehrten passte der geschmückte, »heidnische« Baum eindeutig nicht zur Ernsthaftigkeit des Festes. Verhindern konnten sie ihn indes nicht.

## DIE ERFOLGSGESCHICHTE DES WEIHNACHTSBAUMS

Es waren die protestantischen Stadtzünfte der Handwerkerwelt, die den Weihnachtsbaum aus der Geselligkeit der Zunftstuben in die Familien verlegten. Im 17. und vor allem im 18. Jahrhundert etablierte sich der Baum dann weiter in der kleinen Schicht der hohen Beamten und der wohlhabenden Bürger in den Städten sowie bei den europäischen Aristokraten und Fürstenhöfen. Hier verdichtet sich denn auch die Zahl der literarischen Belege. Vom festlich geschmückten Weihnachtsbaum dieser Zeit hat man eine bessere Vorstellung, liest man beispielsweise Goethes Beschreibung eines Weihnachtsbaums in Leipzig, den er 1765 gesehen hatte: »mit allerlei Süßigkeiten war er behangen […].«

Ein kurioses Beispiel in Hinblick auf Klassenunterschiede hatte kurz zuvor, 1737, der Wittenberger Rechtsdozent Gottfried Kissling beigesteuert: »Am Heiligen Abend stellt sie (die Hausfrau) in ihren Gemächern soviel Bäumchen auf, wie sie Personen beschenken wollte. Aus deren Höhe, Schmuck und Reihenfolge in der Aufstellung konnte jedes sofort erkennen, welcher Baum für es bestimmt war. Sobald die Geschenke verteilt und darunter ausgelegt und die Lichter auf den Bäumen und neben ihnen angezündet waren, traten die Ihren der Reihe nach in das Zimmer, [...] und ergriffen jedes von dem für es bestimmten Baum und den darunter bescherten Sachen Besitz. Zuletzt kamen auch die Knechte und Mägde [...], bekamen jedes seine Geschenke und nahmen dieselben an sich.« Die gesamte »Choreografie« des Weihnachtsbaums war hier genau festgelegt: Kein Gemeinschaftsbaum, vielmehr gab es sozial abgestuft viele einzelne!

Spätestens Ende des 18. Jahrhunderts hatte der reich geschmückte Baum in den wohlhabenden protestantischen Reichsstädten und Familien dann Hochkonjunktur – ein Objekt der Repräsentation. Von der einstigen Anfeindung des Weihnachtsbaums war nicht mehr viel übrig geblieben, vielmehr verstanden die Reformatoren den inzwischen mit Lichtern geschmückten Tannenbaum zunehmend als das wichtigste Weihnachtssymbol der Protestanten. Diejenigen, die damit ein Problem hatten, waren die Katholiken, die allein die Krippe in ihren Stuben hochhielten. Noch 1896 befasste sich die »Schlettstadter Zeitung« reichlich abfällig mit dem Protestantismus als »Tannenbaum-Religion«, und in der Tat blieb der Weihnachtsbaum der katholischen Kirche lange fremd. Vor allem in katholisch geprägten ländlichen Regionen blieb er eher unbekannt, und bis er sich in der gesamten Bevölkerung, quasi konfessionsübergreifend, durchsetzen konnte, stand der Sprung ins 20. Jahrhundert kurz bevor.

Es waren vor allem die Kriegsjahre 1870/71 und dann noch einmal 1914, die den Weihnachtsbaum zu einem »echt deutschen Festsymbol« werden ließen, quasi zu einem emotional aufgeladenen Sinnbild des Deutschtums. Auf Veranlassung der aristokratischen Heerführer waren Christbäume in den Quartieren und Lazaretten aufgestellt worden und wurden dann von den heimkehrenden Soldaten quasi aus den Schützengräben in die Familien getragen. Und noch etwas: Auswanderer und deutsche Soldaten, die im Unabhängigkeitskrieg der USA kämpften, hatten den Baum auch in Amerika bekannt gemacht. Und so stand im Jahr 1891 der erste »Christmas tree« vor dem Weißen Haus in Washington.

→ Dieses Postkartenmotiv von der zweiten Kriegs-Weihnacht 1915 eignete sich als Mittel der Propaganda. Der geschmückte Weihnachtsbaum, die gut gekleideten Kinder und die vielen Spielzeuge vermittelten geschickt eine pseudofriedliche weihnachtliche Gefühlswelt und blendeten die Verhältnisse in den Schützengräben aus.

# Herzliche Weihnachtswünsche!

Christkindelein, wie oft trugst Du
Uns jubelnd Friedensbotschaft zu,
Laß sie auch jetzt zur Wahrheit werden,
Zum schönsten, höchsten Fest auf Erden!

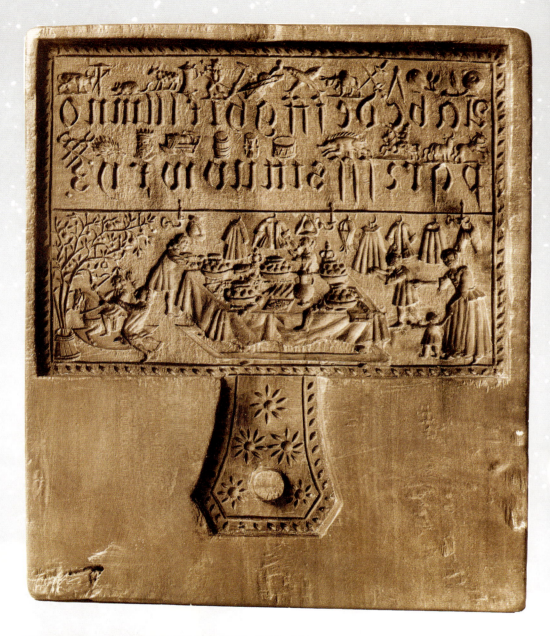

## ALLERLEI ABSONDERLICHES UM DEN WEIHNACHTSBAUM

Eine Kuriosität sei noch ergänzt, die zeigt, wie schwer es der an sich harmlose Christbaumbrauch im 19. Jahrhundert gelegentlich noch hatte. Im Jahr 1804 war eine »Bayerisch-schwäbische allerhöchste Verordnung« erlassen worden, die besagte: »Auf die erhaltene Anzeige von der in einem großen Theile der hiesigen Provinz herrschenden Gewohnheit, den Kindern auf das Weihnachtsfest Christbäume aufzustellen, hat man sich veranlasst gesehen, diesen

← Ein zweiseitiger rechteckiger Holzmodel, entstanden um 1780 in Süddeutschland. Unter dem illustrierten ABC ist die Darstellung einer reich gedeckten Festtafel und der Geschenke erkennbar. Links im Bild sind aus einem Topf wachsende Zweige zu sehen, wie sie in Teilen Schwabens früher gelegentlich anstelle des Weihnachtsbaums üblich waren.

[…] Missbrauch abzustellen. So wird daher sämtlichen Polizeibehörden aufgetragen, dieses Verbot […] mit der nöthigen Aufmerksamkeit über dessen Vollziehung zu wachen, sich erforderlichen Falls, vorzüglich in Häusern, wo Kinder sind, durch Augenschein zu überzeugen und die Übertreter mit einer angemessenen Geld- oder Leibesstrafe zu belegen.« Offenbar ist die Order auf Dauer jedoch nur Papier geblieben, zumindest lässt sich nicht nachweisen, inwieweit diese Verordnung tatsächlich angewandt wurde.

Vielleicht war das zitierte Verbot aber mit ein Grund, dass es besonders im katholischen Franken, aber auch in Teilen Württembergs zunächst auch andere (Grün-)Varianten als Weihnachtsbaumersatz gab, nämlich in einem großen Gefäß stehende Zweige. Solche geschmückten »Weihnachtszweige« findet man als Bildmotiv auf einem um 1780 in Süddeutschland entstandenen Holzmodel wieder: ein Topf mit Zweigen, dessen Äste mit Süßigkeiten für die Kinder behängt sind. Gelebte Alltagskultur hinterlässt eben überall Spuren.

Solche Varianten des geschmückten Baums erinnern an den Brauch der Barbarazweige. Dabei wurden – in katholischen Familien vielfach bis in die Gegenwart – am 4. Dezember, dem Tag der heiligen Barbara, Obstbaumzweige in eine Vase gesteckt und an einen hellen Platz in der Wohnung gestellt. Wenn die Zweige an Weihnachten in voller Blüte standen, galt das als gutes Omen. Dieser Brauch ist im Wesentlichen aus Bayern, Baden, Schwaben, Tirol, Niederösterreich, Böhmen und Westfalen überliefert. Auch die Barbarazweige wurden früher zum Weihnachtsfest ab und an mit Süßigkeiten für die Kinder behängt.

Insgesamt also dauerte es geraume Zeit, bis der Weihnachtsbaum im katholisch geprägten Süden und dort auf dem Land die Stuben erreichte. Der Benediktinerpater Augustin Scherer fasste im Jahr 1909 zusammen: »Der Christbaum ist neuen und wohl protestantischen Ursprungs und bildet einen scharfen Gegensatz gegen die Krippe. Inzwischen aber kennt man den Weihnachtsbaum allenthalben.« Tatsächlich hatte in den katholischen Regionen die bürgerliche Familie als Brauchträger in den Städten für seine Verbreitung gesorgt.

In ländlich geprägten Regionen, etwa im Schwarzwald, scheint das aber erst in den 1920er-, wenn nicht gar erst in den 1930er-Jahren der Fall gewesen zu sein. Das hing auch von den finanziellen Verhältnissen ab, denn ein Baum, den man sich in der Regel beim Verkaufsstand eines Bauern holte, kostete 2 bis 4 Reichsmark. Das war viel Geld in der damaligen Zeit, und so ging es eben nicht immer legal zu. Um ein wenig Empirie beizusteuern: Eine Schwarzwälderin erinnert sich sehr wohl, dass ihr Vater in den 1930er-Jahren den Baum im städtischen Wald »stibitzt« habe, und er war keineswegs der Einzige. »Dürftig geschmückt«, »mit einigen wenigen silbernen oder weißen Kugeln«, anderswo mit »weißen Bändern wie Schnee« oder »bunt bemalten Anhängern«, so stand die »eher bescheidene Tanne« am Heiligabend schlussendlich in der Wohnstube. »Nur an den Festtagen selbst und zu besonderen Momenten wurden die Kerzen angesteckt«, wissen einige noch. Denn die Kerzen waren teuer, sodass die meisten an ihnen sparten, vor allem in den Kriegsjahren.

Immer wieder finden sich also Belege, die vor Augen führen, wie jung die Erscheinung des Weihnachtsbaumes tatsächlich ist: 1953 etwa erhielt eine Gewährsperson die Auskunft, dass in kleineren katholisch geprägten Dörfern des Schwarzwalds – obschon hier ja wahrlich genügend Bäume zur Verfügung stünden – vielfach kein »Lichterbaum« am Heiligen Abend aufgestellt werde. Und aus Kirchzarten im Breisgau hören wir, dass es bis in die allerjüngste Vergangenheit Häuser gab, in denen sehr wohl eine Krippe, nicht aber der mit Kerzen geschmückte Weihnachtsbaum stand. Umgekehrt war bereits 1909 von Absonderlichkeiten ganz anderer Art berichtet worden, nämlich dem Errichten von Tannenbäumen für Hunde und Katzen und dem Aufstellen von Bäumen auf den Gräbern der Angehörigen. Die Missbilligung, dass mit dem Weihnachtsbaum derart »viel Schwindel getrieben werde«, war groß.

Heute gehört der vielfältig geschmückte Weihnachtsbaum zu den wichtigsten Ausdrucksformen des Festes und ist in so gut wie allen Haushalten zu sehen. Daher wird man mir zustimmen, dass es bei der Frage nach grundlegenden Veränderungen sehr emotional zugehen kann. Man denke nur an die jüngst entfachte und heftig geführte Debatte, ob ein christlich geprägter Weihnachtsbaum weiterhin an öffentlichen Einrichtungen wie einem Kindergarten stehen soll, und ob er angesichts einer multikulturellen Bevölkerung überhaupt noch Weihnachtsbaum heißen soll.

← Auf dieser Dose mit Basler Läckerli sind sechs grafische Tannenbäume hinter- und nebeneinander angeordnet.

# BAUMBEHANG – LICHTER, SPIELZEUG, SPRINGERLE

Wollte man Menschen der vergangenen Jahrhunderte den Weihnachtsbaumschmuck der Gegenwart erklären, sie würden staunen über die Wunder der Elektrizität sowie über die Vielfalt und Fülle des Schmucks. Tatsächlich aber beginnt die Geschichte des Christbaumbehangs – falls jemand da gleich an dünnwandige Glaskugeln, bunte Spielzeuganhänger und Lametta denkt – sehr schlicht mit religiös motivierten Symbolen, nämlich der ungeweihten Oblate, vergoldeten Äpfeln oder Papierrosen. Man hört auch von recht Handfestem: Äpfel, Nüsse und Brezeln als Baumbehang gab es beispielsweise 1570 in Bremen, und in Basel kannte man neben Äpfeln auch Käsestücke, die später von den Kindern abgeschüttelt und gegessen werden durften.

## STIMMUNGSVOLLER LICHTERGLANZ

Im Lauf des 17. und vor allem des 18. Jahrhunderts setzte sich der geschmückte Weihnachtsbaum in gehobenen, protestantisch geprägten Sozialschichten durch, besonders in der europäischen Aristokratie. Dass die Magie eines Baumes vom Lichterglanz lebt, vermittelt ein anschauliches Zeitdokument der pfälzischen Prinzessin Liselotte, später Herzogin von Orléans und verheiratet mit dem Bruder König Ludwigs XIV. Als unermüdliche Briefeschreiberin berichtete sie ihrer Tochter 1708, wie sie bereits 1662 als Kind am hannoverschen Hof ganz selbstverständlich den mit Lichtern geschmückten Weihnachtsbaum erlebt habe: »Da richtet man Tische wie Altäre her und stattet sie für jedes Kind mit allerlei Dingen aus [...]. Auf diese Tische stellt man Buchsbäume und befestigt an jedem Zweig ein Kerzchen, das sieht allerliebst aus und ich möchte es heutzutage noch gern sehen.«

↑ Ein Engel als Christbaumschmuck aus der gut formbaren Harzmasse Tragant. Bei Tragant schätzten die Kunden die Härte und Haltbarkeit sowie die vielfältigen Formen und das porzellanartige Aussehen dieser Anhänger.

Liselotte versuchte solche Lichter auch am französischen Hof einzuführen, wo sie aber als »kostspielige deutsche Sitte« abgelehnt wurden. Aus theologischer Sicht soll die mit Lichtern versehene Weihnachtstanne verkünden, dass Christus das »Licht der Welt« ist. Kerzen aus kostbarem Bienenwachs sorgten seit Ende des 17. Jahrhunderts zunächst nur beim Adel für Lichterglanz. In den einfacheren Haushalten begannen günstigere Kerzen aus den Wachsersatzstoffen Stearin und Paraffin erst im späten 19. Jahrhundert zu leuchten.

... dann steht das Christkind vor der Tür

← Weihnachtlich geschmückter Baum wie in der Zeit zwischen 1880 und 1930. Seit Ende des 19. Jahrhunderts wurde in Sachsen, Franken und Thüringen Christbaumschmuck aus den unterschiedlichsten Materialien und in den vielfältigsten Formen gefertigt.

Lichterketten, wie wir sie heute kennen, wurden wohl 1882 in New York erfunden. Auf den Markt kam die erste Lichterkette allerdings erst 1901 in den USA und es dauerte bis in die 1920er-Jahre, bis sich die neue Technik ganz allmählich in Deutschland verbreitete.

## TRAGANT UND SPRINGERLE AM BAUM

Neben Kerzen und verschiedenen Anhängern war im 18. Jahrhundert auch süßer Baumbehang wie Zuckerstangen und später Lebkuchen mit Oblaten aus Papier sehr gefragt. Vor allem im Schwäbischen erhielt der Weihnachtsbaum bis Ende des 19. Jahrhundert seine eigene regionale Prägung: reich behängt mit Eier- und Wasserspringerle, Lebkuchen und Schokolade, dazu liebevoll gebundene Schleifen. Auch Christbaumschmuck aus Tragant war in der Region und darüber hinaus beliebt. Die weiße, geschmack- und geruchlose Harzmasse Tragant ist insofern eine besondere Erscheinung, als sie in Verbindung mit Zucker und weiteren Zutaten eine hervorragende Modelliermasse ergibt. Nach der präzisen Abformung in Modeln und Trocknung war die Masse bonbonhart und wurde mit feinen Malereien versehen. Reine Augenlust also, denn genießbar war diese fast gänzlich aus Zucker bestehende Masse mit Sicherheit nicht.

## WASSERSPRINGERLE ZUM BEMALEN (40 BIS 60 STÜCK)

### ZUTATEN
315 g Puderzucker
5 g Hirschhornsalz
¼ l kaltes Wasser
440 g Mehl

### ZUBEREITUNG
Puderzucker und Hirschhornsalz mit Wasser verrühren, gelegentlich umrühren, damit sich der Zucker löst. Etwa 12 Stunden später das Mehl daruntermischen, rund 30 Minuten zu einem glatten Teig kneten. Zugedeckt 30 Minuten ruhen lassen.

Den Teig in Portionen 1 cm dick ausrollen, in die Model drücken. Nach dem Herausklopfen schöne Kanten schneiden. Die Bleche mit Anis bestreuen, die Springerle draufsetzen und mindestens 12 Stunden abtrocknen lassen.

Backofen auf 100 °C vorheizen. Dann bei 150 °C 15–20 Minuten backen. Die Oberfläche soll weiß bleiben.

## SPIELZEUGANHÄNGER

Gegen Ende des 19. Jahrhunderts kamen Tragant und Springerle als Baumschmuck etwas aus der Mode, filigrane Anhänger aus Zinn und gedrechseltem Holz wurden populär. Vor allem in Thüringen, Franken und Sachsen fertigte man vor rund 200 Jahren Baumschmuck aus den unterschiedlichsten Materialien. Das Zentrum der Massenproduktion von Holzspielzeug und Weihnachtsschmuck lag im sächsischen Seiffen im Erzgebirge. In der Regel arbeiteten mehrere Generationen unter einem Dach. Alle waren sie dringend auf diese gewerbliche Arbeit angewiesen, der Übergang zwischen Arbeitsstunden und freier Zeit war fließend. 1824 berichtet denn auch ein Besucher leichten Tons: »Die Männer drechseln, die Weiber und Kinder schnitzeln, leimen und malen.«

Kaufen konnte man das Holzspielzeug, aber auch die Weihnachtspyramiden, die gedrechselten Engel, Bergmänner und Nussknacker aus dem Erzgebirge auf den Weihnachtsmärkten. Bald gab es einen verlässlichen Bedarf und eine dementsprechend größere Verbreitung der erzgebirgischen Volkskunst. Ab dem letzten Drittel des 19. Jahrhunderts wurde in Sachsen und Thüringen auch unzerbrechlicher Christbaumschmuck aus Watte gefertigt. Die Objekte wurden teils gewickelt, teils gepresst, mit Leim fixiert und dann mit Chromolithografien oder Krepppapier verziert oder farbig bemalt. Auch Baumschmuck aus geprägten, gestanzten oder auf andere Weise veredelten Pappen datiert in diese Zeit. Hergestellt wurde dieser beispielsweise in Form von Tieren oder in Gestalt befüllbarer kleiner Tüten und Deckelkörbchen.

In den Internatsstuben der Herrnhuter Brüdergemeinde in der Oberlausitz war bereits um 1820 der aus Papier und Pappe handgearbeitete und bis heute beliebte Herrnhuter Stern mit seinen 25 Zacken entstanden. Seit Ende des 19. Jahrhunderts wurde der leuchtende Stern, der heute in Wohnungen wie außen an vielen Häusern zu sehen ist, zunächst über die Herrnhuter Missionsbuchhandlung vertrieben.

← Filigran gestalteter Christbaumschmuck aus Zinn. Dieses Material war vor allem in der Gründerzeit für Baumanhänger beliebt.

↑ Seit dem letzten Drittel des 19. Jahrhunderts stellte man in Sachsen und Thüringen in Heimarbeit Weihnachtsanhänger aus gepresster und gewickelter Watte her, mit Leim fixiert und farbig bemalt. Noch bis in die 1970er-Jahre wurde dieser Schmuck produziert.

## ... UND CHRISTBAUMKUGELN

Mitte des 19. Jahrhunderts waren die bis heute beliebten Christbaumkugeln aufgekommen, und zwar überall da, wo es genug Holz, Sand und Quarz gab, um Glasbauhütten lohnend zu machen. Das war vor allem in Bayern, im Schwarzwald und in Thüringen der Fall. Das thüringische Lauscha galt damals als wichtigste Produktionsstätte des gläsernen Weihnachtsschmucks. 1848 finden sich in den dortigen Auftragsbüchern zum ersten Mal »6 Dutzend Weihnachtskugeln« in drei verschiedenen Größen, die zu fertigen waren, und schon 1831 war von kleinen Nüssen und Früchten aus Glas die Rede gewesen, die man auf Schnüre fädeln oder als Einzelstücke an den Weihnachtsbaum hängen konnte. Nach und nach wurde die Vielfalt des seriell hergestellten Kugelschmucks immer größer: dickwandige gläserne Kugeln in allen Farben und Formen. Zwar arbeiteten die Glasbläser aus Lauscha in der Regel als selbstständige Handwerker, aber reich werden konnten sie damit wahrlich nicht. Im Gegenteil, bis ins 20. Jahrhundert waren anstrengende Heimarbeit und Kinderarbeit an der Tagesordnung, und das Leben dieser Familien gestaltete sich meist als sehr mühsames Überleben. Schließlich sicherte erst die Herstellung von rund 1000 Glaskugeln täglich einer Familie in Thüringen ein Auskommen.

↑ Ein Elefantenanhänger aus Dresdner Pappe. Bereits im frühen 17. Jahrhundert gab es erste schriftliche Belege für Christbaumschmuck aus Papier. Die Ende des 19. und im frühen 20. Jahrhundert gerne genutzte Dresdner Pappe für besonders hochwertige zwei- oder dreidimensionale Objekte wurde mit Silber- oder Goldfolie umhüllt oder naturgetreu bemalt.

↑ Gläserner Christbaumschmuck aus der Biedermeierzeit. Als Verschluss für den Aufhänger diente ein Korken, später kamen geklebte Plättchen mit Öse auf und zu Beginn des 20. Jahrhunderts verwendete man meist »Spreizkappen«.

### »MÄRCHENHAFTE SILBERFÄDEN« AM BAUM

Und dann wäre da noch das Lametta zu nennen, das seit 1950 aus billigen und haltbaren Kunststoff-Fäden hergestellt wird. Überraschenderweise war Lametta aber schon deutlich länger ein Wegbegleiter des Weihnachtsbaums. 1870 war es in Nürnberg auf den Markt gekommen, gefertigt in Heimarbeit. Ursprünglich handelte es sich bei diesen zu den »leonischen Drähten« gehörenden Dekorationselementen um versilberte, vergoldete oder verzinkte Kupferdrähte, die man um Glas- oder Wattekugeln wickelte. Schon Theodor Storm konnte sich 1884 für diese neuartigen »märchenhaften Silberfäden« begeistern. Später ersetzte man die Drähte durch Stanniol- oder Zinn-Blei-Legierungen. Heute ist wegen der besseren Umweltverträglichkeit Lametta aus aluminiumbeschichtetem Kunststoff üblich.

↑ Christbaumanhänger aus handgefertigten Glasperlen in Form eines Kugelornaments. Die böhmische Stadt Gablonz an der Neiße stellte seit Mitte des 19. Jahrhunderts Mode- und Christbaumschmuck aus Glasperlen her und erlebte mit Einsetzen der Industrialisierung ein starkes Wachstum.

↑ Die Formenvielfalt von Weihnachtsschmuck aus Glas ist immens, wie dieser historische Vogelanhänger mit Glasseidenschwanz zeigt.

↑ Leonische Waren, gemeint sind damit feinste Drahtgeflechte, setzte man bis 1920 gern zur Verzierung von Christbaumschmuck ein – hier ein aufwendig gestalteter Anhänger in Form eines Heißluftballons.

So ziemlich jedem dürfte bei der Erwähnung von Lametta der berühmte Weihnachtsabend-Sketch von Loriot aus dem Jahr 1978 einfallen. Die darin vorkommende Redewendung »Früher war mehr Lametta« inspiriert bis heute Wortspiele bis zum Abwinken und spiegelt die emotionale Befindlichkeit rund um Weihnachten und das Beharren auf Althergebrachtem wider.

Ohne Zweifel sind beleuchtete Weihnachtsbäume und ihr Schmuck ein Zeichen des jeweiligen Zeitgeistes und auch heute noch ein Spiegel verschiedener Regionen und familieneigener Traditionen. Das Ergebnis eines geschmückten Baums ist fast immer schön anzuschauen. Kein Wunder, dass in den ländlichen Teilen Bayerns und Baden-Württembergs bis heute vereinzelt Nachbarn, Freunde oder Vereinsmitglieder zum sogenannten Christbaumloben ins Haus kommen, um die Vielfalt und Kreativität des jeweiligen Baums zu bewundern. Und natürlich, um einen Schnaps auf das Wohl des Baumes und seiner Eigentümer zu trinken!

# »MORGEN, KINDER, WIRD'S WAS GEBEN«

Die Geschichte Weihnachtens ist auch ein Streifzug durch die Geschichte des Schenkens. Wer die Kultur des weihnachtlichen Schenkens heutzutage nur als modernen »Konsumterror« und Erfindung der Kaufleute ablehnt, greift zu kurz. In der Zeitschrift »Gartenlaube« beispielsweise, einem der ersten großen, erfolgreichen deutschen Massenblätter, zerbrach man sich im Sinne der Leser bereits im Jahr 1888 den Kopf darüber, wie man am besten die »Pflichtgeschenke, denen wir uns nicht entziehen können«, bewältige. »Mancher arme Teufel [...] wird bitter lächeln, wenn er von unseren ›Sorgen‹ hört – und doch sind es Sorgen, und wir atmen erleichtert auf, wenn wir das Kapitel erledigt haben.« Da zu behaupten, dass das Schenken immer eine Angelegenheit des Herzens war, wäre also idealisiert.

Warum schenkt man sich überhaupt etwas zu Weihnachten? Der theologische Grundgedanke seit der Reformation war zunächst der folgende: Gott hat den Menschen seinen Sohn geschenkt, und deshalb wird der Geburtstag von Jesus gefeiert. Bis um 1500 war Weihnachten als Beschertermin im heutigen Sinne weitgehend unbekannt. Martin Luther war es, der im 16. Jahrhundert die allmähliche Entwicklung einleitete, aus dem weihnachtlichen Fest der Christgeburt ein Familienfest mit Geschenken zu machen, vor allem für die Kinder. Allerdings galt in vielen katholischen Regionen Deutschlands lange Zeit der 6. Dezember als wichtigster Geschenketag. Vor allem für die Taufpaten war es üblich, den Patenkindern zum Nikolaus- beziehungsweise Weihnachtsfest bestimmte vorgeschriebene Gaben zu überreichen, etwa ein Kleidungsstück. Dass das Schenken viel mit festgelegten Normen und Gewohnheitsrecht zu tun hatte, wird bei den Geschenken für die Dienstboten besonders deutlich, waren diese Gaben doch weniger Zeichen persönlicher Wertschätzung denn eine »Gebeverpflichtung« und ein vereinbarter Zusatzlohn. Dazu gehörte auch der sogenannte Weihnachtstaler, mit dem auf den Weihnachtsmärkten kleinere Ausgaben finanziert werden konnten, Kleidungsstücke, ein Paar Schuhe oder eine Schürze.

Überhaupt wird die soziale Kluft, die sich zwischen den Besitzenden und Nicht-Besitzenden öffnete, beim Schenken besonders deutlich. 1663 führte Friedrich Wilhelm, Kurfürst von Brandenburg, sehr öffentlich die Bescherung seiner Kinder ein, und 1729 schwelgten auch die Kinder von König Friedrich Wilhelm I. im Geschenkeglück. Kaum etwas wurde so lang und so detailliert geschildert wie (Weihnachts-)Geschenke und ihre herrschaftlichen Geber. Zur Normalität gehörte das freilich nicht. Die Geschenke früher fielen in der Regel sehr viel bescheidener aus als heute. Das mag der Grund sein, dass in der Öffentlichkeit und in der modernen Literatur angesichts der heutigen Geschenkeflut gern der Verlust der wahren Weihnacht und deren eigentlicher Bedeutung betrauert wird. Bei so finsterer Einschätzung ist es zumindest beruhigend zu erfahren, dass die Problematik der allzu üppigen Gaben und des konsumorientierten Denkens so neu gar nicht ist. Bereits Theodor Storm sah genau hin und schrieb 1851 in einem Brief über

↑ Ein farbenprächtig geprägtes Oblaten- oder Glanzbild zum Anhängen an den Weihnachtsbaum. Der in einer Pferdekutsche anreisende Weihnachtsmann hat nicht nur eine Reihe von Geschenken, sondern gleich auch den geschmückten Weihnachtsbaum dabei.

↑ Weihnachten anno 1903 in gutbürgerlichen Kreisen. Geschenke wie dieser Spielzeugherd und dazu passende Töpfe sollten die Mädchen schon einmal spielerisch auf das künftige Hausfrauendasein vorbereiten.

→ In der Weihnachtszeit des Kriegsjahres 1916 sind die Geschenke sicher nicht üppig ausgefallen. Die meisten dürften sich über zusätzliche Nahrungsmittel gefreut haben.

die Festtagsfreude seines Sohnes Hans: »Hans wurde denn so mit Spielzeug von allen Seiten überhäuft, dass er eigentlich zu keinem einzelnen ein rechtes Interesse fassen konnte, er bekam zwanzig verschiedene, zum Teil größere Sachen, darunter vier Bilderbücher.«

Insgesamt aber lagen Weihnachtsträume von schönen oder nützlichen Gaben einerseits und die realen Lebensumstände andererseits vielfach weit auseinander. So macht der Liedtext »Morgen, Kinder, wird's was geben« von Karl Friedrich Splittegarb (1795) oder »Morgen kommt der Weihnachtsmann« von Hoffmann von Fallersleben (1835) mit der Auflistung von klassischen Geschenken wie Schaukelpferden, Zinnsoldaten, Puppen und Puppenstuben klar, dass die Lieder anfangs sicher nur in den Salons der wohlhabenden bürgerlichen Familien gesungen wurden. Umgekehrt kannten die Arbeiterkinder auch in der ersten Hälfte des 20. Jahrhunderts weder Weihnachtsidylle noch Geschenke, wie das bereits erwähnte »Weihnachtslied, chemisch gereinigt« von Erich Kästner aus dem Jahr 1927 deutlich macht. Schon die ersten Zeilen sitzen:

»Morgen, Kinder, wird's nichts geben!
Nur wer hat, kriegt noch geschenkt. [...]
Einmal kommt auch eure Zeit.
Morgen ist's noch nicht so weit.
Doch ihr dürft nicht traurig werden,
Reiche haben Armut gern.
Gänsebraten macht Beschwerden,
Puppen sind nicht mehr modern.
Morgen kommt der Weihnachtsmann.
Allerdings nur nebenan. [...]«

Dennoch seien zum Schluss versöhnliche Geschichten zum Thema Schenken angefügt. Dass sich das weihnachtliche Schenken aus unterschiedlichen Blickwinkeln betrachten lässt, mag an Charles Dickens' Erzählung »A Christmas Carol in Prose, Being a Ghost-Story of Christmas« (1843) abzulesen sein. Dickens beschreibt hier die wohl hinreißendste übellaunige Figur der Literaturgeschichte, nämlich den herzlosen alten Geizhals Ebenezer Scrooge. In einer Weihnachtsnacht wird er zu einem gütigen Menschen, denn er verschenkt etwas! Dass ihm die Freuden des Schenkens vor Augen geführt wurden, ist ein Schlüsselerlebnis und lässt ihn von nun an Weihnachten als eine Zeit allgemeinen Wohlwollens mitfeiern. Und noch ein Beispiel: Im 1851 veröffentlichten »König Nussknacker und der arme Reinhold« von Heinrich Hoffmann, den meisten besser bekannt als Autor des »Struwwelpeter«, erscheinen dem armen kranken Kind Reinhold im Traum der Nussknackerkönig und eine Reihe von Spielzeugfiguren, wie sie typisch für die Biedermeierzeit waren, Zinnsoldaten zum Beispiel. Als der Junge am Weihnachtsmorgen aufwacht, ist er gesund und die erträumten Spielzeuge stehen unter dem Baum. Ein Weihnachtsmärchen eben!

↑ Dieser Weihnachtsmann hat eine riesige Geschenkeflut zu bewältigen: Zinnfiguren, Trompete, Militärspielzeug, Puppen, Bücher und Lebkuchen. Sogar einen geschmückten Weihnachtsbaum trägt er im Gepäck. Faksimile eines Holzstiches aus dem Jahr 1884.

84   ... dann steht das Christkind vor der Tür

# WER BRINGT DIE GABEN?

Was die weihnachtlichen Geschenkebringer angeht, so herrscht heutzutage eine gewisse sprachliche Verwirrung. Festgelegt auf eine bestimmte Brauchfigur scheint jedenfalls kaum mehr jemand zu sein. Wenn beispielsweise die Mutter eines 9-Jährigen aus Bad Säckingen an Heiligabend Glitzerspuren entdeckt und daraus folgerichtig schließt, »dass das Christkind« da gewesen sei, so führt dies der ebenfalls katholische Familienvater eher auf die Geschenkeauslieferung des Weihnachtsmanns in Rot-Weiß zurück. Kommen hier etwa männer- und frauenspezifische Unterschiede zum Tragen? Oder die Tatsache, dass in diesem speziellen Fall der Vater amerikanischer Herkunft ist und demzufolge eben mit einem Weihnachtsmann aufgewachsen ist, der heimlich durch den Kamin in die Häuser steigt und dort am Weihnachtsmorgen die Geschenke verteilt? Gleichaltrige katholische Klassenkameradinnen am Ort haben jedenfalls das Christkind in Erinnerung, das Jahr für Jahr ungesehen die Präsente bringt. Zusätzlich kennen alle – auch die Kinder aus protestantischen Familien – den heiligen Nikolaus, der am 6. Dezember kleinere Präsente verteilt.

Was lernen wir daraus? Nun, immerhin so viel, dass sich die einst klaren geografischen und konfessionellen Grenzen bei der Frage, welcher Gabenbringer nun in Aktion tritt, durch die zunehmende Mobilität und die kulturelle Vielfalt aufgelöst haben. Dagegen belegen die Erhebungen des Atlas der Deutschen Volkskunde aus dem Jahr 1932 noch, dass die Kinder im überwiegend katholischen Süden, im Westen und im damaligen Schlesien in der Regel mit dem Christkind aufgewachsen sind, während es in den mittel-, nord- und ostdeutschen Gebieten den Nikolaus gab, allerdings in seiner neueren Gestalt – als Weihnachtsmann. Die Jahrhunderte zuvor hatte sich die Verteilung der weihnachtlichen Protagonisten noch einmal anders dargestellt.

## AM ANFANG STAND DER NIKOLAUS

Klar ist, dass der heilige Nikolaus seit etwa 1500 der älteste und eine Zeit lang der einzige Gabenbringer in Deutschland war. Infolgedessen fand der ursprüngliche weihnachtliche Beschertermin am Heiligentag des Nikolaus statt, also dem 6. Dezember. Erst im Verlauf des 16. Jahrhunderts erhielt der Nikolaus mit dem Aufkommen des Protestantismus Konkurrenz. In Absage an den katholischen Heiligenkult versuchte Martin Luther die Kinderbescherung durch den heiligen Nikolaus auf den Weihnachtstag zu verlegen, um dem Weihnachtsfest eine größere Bedeutung zu verleihen. Statt der Übernahme des »Vermittlers« Nikolaus be-

← In den katholischen Regionen des heutigen Baden-Württemberg war es meist das Christkind mit Engelsflügeln, das am Weihnachtsabend ungesehen die Geschenke in die Häuser brachte. Postkarte um 1908.

fürwortete Luther eine engelsgleiche geschlechtslose Brauchfigur, nämlich den »Heiligen Christ« als den eigentlichen Heilsbringer. Daraus entwickelte sich bei den Protestanten das weiß gekleidete »Christ-Kind«, häufig mit Heiligenschein.

## DAS PROTESTANTISCHE CHRISTKIND IM KATHOLISCHEN SÜDEN

Bei den Katholiken blieb das alleinige Schenken am Nikolaustag durch den Nikolaus lange Zeit üblich – je nach Region sogar bis 1900. Dennoch kam im katholischen Süden Deutschlands schon nach 1800 auch das ursprünglich »evangelische« Christkind als weihnachtlicher Gabenbringer auf und etablierte sich. »Viel hat's damals nicht gegeben, aber es war immer das Christkindle, das an Heiligabend die Geschenke brachte«, erinnern sich Gewährspersonen aus Südbaden um 1930. An den Weihnachtsmann kann sich hingegen niemand entsinnen.

Den wiederum gab es seit der ersten Hälfte des 20. Jahrhunderts eher im evangelisch geprägten Norddeutschland, wo er sich allmählich angesiedelt hatte. Das Christkind ist in dieser Region mittlerweile fast gänzlich unbekannt.

## DER NEUMODISCHE WEIHNACHTSMANN

Dieser Wechsel hin zum Weihnachtsmann statt des durch Luther eingeführten Christkinds macht die Verwirrung komplett. Wie kann das sein? Hintergrund ist, dass die Protestanten als Nachfolger des Christkinds, aber auch als Gegenentwurf zur strengen katholischen Nikolausfigur spätestens seit dem 19. Jahrhundert eine ähnliche, aber sehr lässig wirkende Brauchfigur installierten, die am »Geschenkefest« Weihnachten die Präsente brachte. Es war dies ein gemütlicher »Alter« mit langem weißem Bart, rotem Mantel, roter Zipfelmütze und dem Gabensack – ein Weihnachtsmann eben. Der in München lebende

← Das engelsgleiche Christkind bringt die Geschenke in der Nacht und schmückt den Weihnachtsbaum, während die Kinder schlafen. Postkarte, um 1902.

← Weihnachtsmann, bepackt mit Gaben. Vor allem im 19. Jahrhundert wurde er in verschiedenen Farbkombinationen dargestellt, besonders gern in grün wie noch auf dieser Postkarte von 1908.

österreichische Zeichner Moritz von Schwind schuf 1847 eine Vorlage für einen typischen Weihnachtsmann mit vollem Bart, langem Mantel und Zipfelkapuze. Schwind nannte die Figur »Herr Winter«. Die Bezeichnung »Weihnachtsmann« ist schon für das Jahr 1820 belegt und wurde nach 1835 durch Hoffmann von Fallerslebens Weihnachtslied »Morgen kommt der Weihnachtsmann« populär.

Und warum – so werden manche fragen – wird der Weihnachtsmann so häufig als »Erfindung« der Getränkefirma Coca-Cola eingeordnet? Tatsächlich geht die Entwicklungsgeschichte so: Als strenger holländischer »Sinterklaas« gelangte der vorweihnachtliche Gabenbringer Nikolaus Anfang des 19. Jahrhunderts mit europäischen Auswanderern nach Amerika. Im Lauf der Jahre wurde aus »Sinterklaas« dann »Saint Claus« und schließlich »Santa Claus«. Auch das ursprünglich ernsthafte bischöfliche Aussehen und Auftreten erfuhr eine Generalüberholung: Bereits in dem 1822 in Amerika veröffentlichten Weihnachtsgedicht »The night before Christmas« von Clement Clark Moore wurde der Weihnachtsmann als rundliches

88   … dann steht das Christkind vor der Tür

Männlein in Elfengröße und mit einem roten Mantel beschrieben, begleitet von acht schon damals namentlich genannten Rentieren. Wenige Jahrzehnte später, ab 1863, zeichneten Illustratoren wie der 1840 in Landau geborene Karikaturist Thomas Nast »Sancta Claus« in den USA als fröhlich-pummelige Gestalt mit Rauschebart. Eine weihnachtliche Ikone war geboren! Erst viele Jahrzehnte später trat die weltberühmte Getränkefirma auf den Plan: 1931 veröffentlichte man im Rahmen einer Coca-Cola-Werbeanzeige einen rot-weißen Weihnachtsmann – übrigens mit dem Gesicht eines pensionierten Coca-Cola-Mitarbeiters! Entworfen worden war die immer wieder modernisierte Anzeige von dem Grafiker Haddon Sundblom, der damit nachhaltig unsere einheitliche Vorstellung vom weihnachtlichen Gabenbringer prägte. Erfunden hat Coca-Cola den Weihnachtsmann trotzdem nicht.

Zusammenfassend und grob differenziert lässt sich festhalten, dass heute in Nord-, Mittel- und Ostdeutschland der Weihnachtsmann unterwegs ist, wohingegen das ursprünglich evangelische Christkind weiterhin in den traditionell evangelischen Regionen Frankens, Württembergs, Badens, der Pfalz und Hessens sowie in der Deutschschweiz populär ist, kurioserweise aber auch in mehrheitlich katholischen Gebieten wie Bayern, den katholischen Teilen Badens und dem Rheinland. Den Nikolaustag als kleineres Bescherfest am 6. Dezember feiert man in der Regel zusätzlich und zwar bei Katholiken und Protestanten gleichermaßen.

Und manchmal tauchen die unterschiedlichen Gabenbringer und ihre zum Teil recht seltsamen Begleiter bis heute auch bei durchaus skurril anmutenden Brauchtraditionen auf ...

## UMGANG DER GABENBRINGER

Mit Schellengeklingel und lärmenden Rufen geht es am Heiligen Abend in Wittlingen bei Bad Urach wenig besinnlich zu. Da geht nämlich der Pelzmärtle – also der Pelz-Martin – mit seiner das Gesicht verhüllenden grau-weißen Wildschweinfellmaske und dem Zylinder auf dem Kopf von Haus zu Haus. Der Schellenriemen, wie man ihn sonst nur von den Fastnachtsnarren kennt, scheppert und klingelt, dazu ruft die Figur: »Hopp Hansel!« Wer besagtem Pelzmärtle auf der Straße begegnet oder ihn ins Haus einlädt, muss zum Klang der Schellen mithüpfen und macht das gern, denn – so die Überlieferung – der Tanz bringt ihm Segen. Noch zu Beginn des 20. Jahrhunderts wurde der Brauch um den »vermummten Weihnachtsmann« von den württembergischen Oberämtern offenbar häufiger beschrieben und zwar durchaus kritisch, trieb der Pelzmärtle doch eine Menge Unfug, erschreckte die Kinder und machte einen Höllenlärm. Und das am Heiligabend!

← Dieser gutmütig wirkende Weihnachtsmann mit Rauschebart, bekleidet mit einem roten Mantel, Stiefeln und Zipfelmütze auf dem Kopf, erinnert nicht mehr an die traditionelle Bischofsgestalt und dürfte kaum Angstgefühle bei Kindern hervorgerufen haben. Postkarte, um 1930.

Der Hintergrund für diese Figur ist wieder in der sich ändernden, uminterpretierten Figur des weihnachtlichen Gabenbringers zu sehen. Bei den Protestanten gab es neben dem von ihnen ja eingeführten Christkind gelegentlich auch die Brauchfigur des Pelz-Martin, der bereits am Martinstag seine Gaben verteilte. Die Figur, die man in protestantischen Kreisen wegen des Namens mit Martin Luther in Verbindung brachte, beglückte die evangelischen Dörfer irgendwann dann nicht mehr am Martinstag, sondern am Heiligen Abend.

Im evangelisch geprägten Sprollenhaus bei Bad Wildbad oder in Gaistal, das zu Bad Herrenalb gehört, ist die Brauchgestaltung ein bisschen anders, aber wenn man genau hinschaut, doch sehr ähnlich. Hier zieht der Pelzmärtle, der aufwendig in geflochtene Strohseile eingebunden und mit Schellen behangen ist, demonstrativ zusammen mit dem nun in persona gegenwärtigen lutherischen Christkind durch die Straßen und kehrt in die Stuben ein. Diese Zusammenstellungen deuten auf eine Auflösung der ursprünglichen religiösen Bindung und vielleicht auf einen gewissen Sinnverlust hin. Während das in Weiß gekleidete und mit einem dichten Schleier verhüllte Christkind die Geschenke austeilt, natürlich erst, nachdem die Kinder brav ihre Gedichte aufgesagt haben, macht der Pelzmärtle das, wofür er ausgestattet ist. Mit seinen Sprüngen bringt er die am Kostüm befestigten Schellen zum Klingen und fordert zu einem Tänzchen auf. Umsonst ist das nicht – Süßes, Schnaps und auch mal Geld sind der Lohn.

Noch ein letztes Beispiel aus dem Hohenlohischen sei genannt, genauer gesagt aus den evangelischen Ortschaften im Landkreis Schwäbisch Hall wie Ilshofen, Wolpertshausen oder Oberaspach. »D'Rolleisl kumma«, sagen die Einheimischen über die vermummten Gestalten, die den Weg für das Christkind vorbereiten: »Ezt isch Weihnachda.« Gekleidet mit einem weißen Nachthemd, mit maskierten Gesichtern und einem über die Schulter geschnallten Rollriemen mit unterschiedlich großen Schellen drehen die Rollesel am Heiligabend ihre Runde von Haus zu Haus. Auf dem Kopf tragen die Figuren einen hohen, kegelförmig-spitzen weißen Hut, ähnlich einer umgedrehten Schultüte – eigenartige Gestalten, diese Rollesel oder Rollenbuben. Mit ihrem Schellengelärme und ihrem Aussehen mögen sie auch heute noch kleineren Kindern Angst machen, aber eigentlich sind sie ganz harmlos und wünschen allseits »Fröhliche Weihnachten«. Da sie vorab sogar im Gemeindeblatt angekündigt werden, ist niemand überrascht und man hält, wie das schon früher bei Heischebräuchen so üblich war, Süßigkeiten und Geld bereit. Zwar wird der Rolleselbrauch gelegentlich gerne als »uralt« bezeichnet, tatsächlich entstanden ist er aber wohl erst Ende des 19. Jahrhunderts als ein selbst gewählter Freiraum der hart arbeitenden Bauernjungen, die dabei bewusst etwas ungehemmtere Verhaltensformen an den Tag legten, die ihnen sonst untersagt waren.

→ Ein Werbegag, der in die Geschichte des Weihnachtsfestes eingegangen ist – der Weihnachtsmann der Getränkefirma Coca-Cola.

# MUSIKALISCHES ZUM WEIHNACHTSFEST

Dass Musik und bestimmte Lieder mit zur Weihnachtszeit gehören, wissen wir längst, zumal viele davon im Radio, in den Kaufhäusern oder an den Buden der Weihnachtsmärkte rauf und runter dudeln und darüber hinaus eine Netzkarriere hingelegt haben. Weder die amerikanischen Popsongs noch die kitschigen Bearbeitungen deutscher Weihnachtslieder vermitteln die vielfach gewünschte Besinnlichkeit. Da erscheint uns Thomas Manns Beschreibung der weihnachtlichen Programmabfolge bei den distinguierten »Buddenbrooks« (1901) eher ungewohnt: Zunächst sangen die Chorknaben »Tochter Zion, freue dich«, bevor aus der Bibel die Weihnachtsgeschichte vorgelesen wurde. Danach erklang das alpenländische Lied »Stille Nacht, heilige Nacht«. Das abschließend gemeinsam gesungene Lied »O Tannenbaum« bot dann den Übergang zur Bescherung. Mag sein, dass das eine oder andere dichterisch überhöht ist, aber im Großen und Ganzen gibt es die Weihnachtslieder wieder, wie sie zumindest in protestantischen Kreisen um 1900 üblich waren.

## ÜBER DIE WEIHNACHTSLIEDER

Bereits nach der Reformation hatten Weihnachtslieder verstärkt bei den religiösen Hausandachten in protestantischen Familien Eingang gefunden. Wirklich populär im Sinne einer familiären Zeremonie wurde das Singen von Weihnachtsliedern aber erst im 19. Jahrhundert, als das Weihnachtsfest zu einem Bescherfest für die Kinder wurde. In den katholischen Gegenden dauerte es zwar etwas länger, bis Weihnachtslieder zur häuslichen wie zur kirchlichen Feier gehörten, aber auch hier sind sie schon lange Usus.

Auch wenn Weihnachtslieder heute »Allgemeingut« und zum Teil weltweit bekannt sind, sind sie doch von Individuen, zum Teil sogar von berühmten, erdacht worden. Ein Beispiel:

← Um 1900 gedruckte Postkarte mit einer von Martin Luthers bekanntesten Liedschöpfungen: »Vom Himmel hoch, da komm ich her«.

← Christoph von Schmid, der in Dinkelsbühl geborene Verfasser des berühmten Weihnachtsliedes »Ihr Kinderlein, kommet«. Stets war es die Absicht des Seelsorgers und Pädagogen, christliche Inhalte zu vermitteln.

Das Lied »Vom Himmel hoch, da komm ich her«, das zu den ältesten Weihnachtsliedern überhaupt und zu den wichtigsten der evangelischen Weihnachtsliturgie zählt, stammt von Martin Luther. Er dichtete es 1534 für seine Kinder und 1539 kam die entsprechende Choralmelodie dazu, die Luther wahrscheinlich selbst erfunden hatte.

Ein noch berühmteres Beispiel ist das Lied »Stille Nacht, heilige Nacht«. Die Melodie hat seinerzeit der Dorfschullehrer und Organist Franz Xaver Gruber aus Oberndorf im Salzburger Land zu dem selbstverfassten Gedicht des Hilfspfarrers Joseph Mohr komponiert. Am 24. Dezember 1818 sangen Mohr und Gruber das Lied erstmals in der Pfarrkirche St. Nikola in Oberndorf, nur in Begleitung einer Gitarre, als der Pfarrer das Kind in die Krippe legte. Schon wenige Jahrzehnte später wurde das Lied überall auf der Welt in insgesamt rund 330 verschiedenen Sprachen und Dialekten gesungen.

### »IHR KINDERLEIN, KOMMET« – EIN WEIHNACHTSLIED AUS WÜRTTEMBERG

Ein eindeutig schwäbischer Beitrag ist das Weihnachtslied »Ihr Kinderlein, kommet«. Sein Verfasser ist in der allgemeinen Geschichte auf Dauer nicht bekannt geworden: Christoph von Schmid, ein seinerzeit anerkannter Pädagoge und Publizist für christliches Gedankengut. 1768 im fränkischen Dinkelsbühl geboren, wurde Schmid nach seinem Studium der

Philosophie und der katholischen Theologie in Dillingen Priester. Später profilierte er sich fast 20 Jahre lang als Schulinspektor in Thannhausen. Schmid zeigte großes Talent, biblische Geschichten für Kinder und Jugendliche ansprechend zu schildern, und so waren die meisten seiner Schriften dazu gedacht, christliche Inhalte für die Schule weiterzugeben. Seit 1816 arbeitete der Seelsorger in Oberstadion in Oberschwaben, wo er im Jahr 1819 für das berühmte Weihnachtslied persönlich die Inszenierung festlegte: »Die Krippe werden wir in der Mitte aufstellen und dann bis zum Dreikönigstag stehen lassen. Da werden eure Eltern Augen machen. Und die Ohren werden sie spitzen, wenn sie das Lied hören, das vor ihnen noch kein Mensch gehört hat. Für euch, für alle Kinder dieser Welt, habe ich die Worte gedichtet: Ihr Kinderlein, kommet«.

Das neue Weihnachtslied wurde nach einer Melodie des Komponisten Johann Abraham Peter Schulz, Hofkapellmeister in Kopenhagen, bei jenem Weihnachtsfest erstmals gesungen und erfuhr danach über Baden-Württemberg hinaus weite Verbreitung. Bis heute erinnert in Oberstadion eine Gedenkstätte an Christoph von Schmid, der 1854 hochbetagt in Augsburg gestorben ist.

## WEIHNACHTLICHES »VOM TURM HERAB«

Traditionsreiche weihnachtliche Lieder werden am Weihnachtsabend mancherorts öffentlich und für alle erleb- und hörbar dargeboten. So ist es in Bad Säckingen bis heute üblich, dass die

↑ »Ihr Kinderlein, kommet« als Textauszug auf einer historischen Postkarte von 1912.

← Die heutige, knapp einen Meter große aus Holz geschnitzte Christkindle-Figur mit einer leuchtenden Umrandung aus Engeln und Sternen wurde 1959/60 von dem Biberacher Bildhauer Georg Lesehr (1906–1995) gestaltet.

Stadtkapelle in einer Formation von acht bis zehn Bläsern am Heiligen Abend vom Turm herab Weihnachtslieder spielt. Währenddessen füllt sich unten der Kirchplatz mit Menschen, man wünscht sich allseits eine gesegnete Weihnacht und singt außerhalb der Kirche nochmals die bekanntesten Weihnachtslieder. Ähnliches wird über den Dächern von Künzelsau zelebriert; hier spielen die Turmbläser beim traditionellen Engelesblasen am Heiligabend, zu Silvester und an Neujahr feierliche Choräle.

Weithin sichtbar ist in dieser Zeit der Feuerschein auf dem Hällesberg und dem Schlossberg in Altensteig. Zwei riesige Holzstöße werden in Brand gesetzt und ein wogendes Feuermeer breitet sich aus. Dazu schwenken die Zuschauer eigene Fackeln, die Stadtkapelle spielt und Weihnachtslieder werden angestimmt. So wird der Heilige Abend in der Gemeinschaft eingeläutet. Erst wenn das lodernde Feuer allmählich in sich zusammenfällt, beginnt in den Familien die häusliche Feier.

### DAS »CHRISTKINDLE-RALASSA« IN BIBERACH AN DER RISS

Ein wirklich einzigartiger Brauch ist das alljährliche traditionelle »Christkindle-Ralassa«, übersetzt: das Christkind-Herablassen, in der oberschwäbischen Stadt Biberach an der Riß. Das ist durchaus wörtlich zu nehmen: Am frühen Abend des 24. Dezember schwebt eine Christkind-Figur unter weihnachtlichen Gesängen per Seilzug langsam aus dem Giebelfenster eines der prächtigen alten Bürgerhäuser herab auf den Marktplatz und entschwindet dann wieder nach oben.

... dann steht das Christkind vor der Tür

↑ Hänsels und Gretels Knusperhaus und das Ensemble der Königlichen Hofoper Stuttgart bei einem Gastspiel, 1916. Dass es sich um eine Kriegsinszenierung handelt, erkennt man auch an der Figur des Sanitäters, der als Ensemblemitglied neben der besenschwingenden Hexe steht. Das Knusperhäuschen selbst ist märchenhaft schön und besonders aufwendig gestaltet.

Folgt man alten Urkunden, so war es ein Biberacher Apotheker, der 1820 erstmals eine beleuchtete Christkindle-Figur an seinem Haus herabließ, um arme Kinder zu erfreuen. Im Jahr 1878 führte der kinderlose Biberacher Konditormeister Ruppert die Idee fort, indem er an seinem weihnachtlich geschmückten Haus eine einfache Puppe als Christkindfigur an einer Schnur niederfahren ließ und die Kinder mit Weihnachtsgebäck beschenkte. Auch sein Nachfolger übernahm diesen Weihnachtsbrauch am Heiligen Abend in privater Regie. Ab 1904 war es dann die Stadt- und Spitalverwaltung, die die Feier in den Hof des »Alten Spitals« verlegte, damals Krankenhaus und Altersheim. Somit konnte man auch den Menschen dort eine Freude machen. Seit 1960 findet die Zeremonie auf dem Biberacher Marktplatz statt und im Anschluss verteilen die Vertreter der Stiftung »Hospital zum Heiligen Geist« Lebkuchen an die Kinder. Geschichte und Tradition verpflichten eben! Es ist ein schöner weihnachtlicher Gedanke, in der Gemeinschaft Weihnachtslieder singend sich auf den Heiligen Abend einzustimmen.

## DAS »KUHREIHEN« IN VILLINGEN

Noch ein letztes Beispiel sei genannt, das für viele in Villingen zum festen Bestandteil des Weihnachtsfestes gehört: das sogenannte »Kuhreihen« in der historischen Innenstadt. Der Brauch in seiner jetzigen Form geht auf ein Gelöbnis von 1765 zurück, als wieder einmal eine Viehseuche die Existenzgrundlage der Villinger bedrohte. Damals war es üblich, dass die Villinger Kuhhirten, die »Hertern«, mit einem Signalruf ihres Horns Schafe, Ziegen und Rinder frühmorgens durch die Stadttore vor die Stadtmauer trieben und auf diese Weise auch mit den Hirtenbuben kommunizierten. Um der Seuche zu entgehen, entschieden die Bewohner, ihre Tiere vorübergehend innerhalb der Stadtmauern zu lassen. Tatsächlich konnte die Ausbreitung der Viehseuche durch diese Quarantänemaßnahme verhindert werden, und die Bürger blieben dem seinerzeit geleisteten Gelöbnis treu. Sie erfüllen es traditionell am Heiligabend mit den Bläsern in ihren schwarzen Hirtenmänteln, die ihre sogenannten Hertershörner ertönen lassen, originalgetreue Nachbildungen des historischen Instrumentes aus Birkenholz, das rund 1,50 Meter lang war. Der ursprüngliche Kern des Brauchs liegt so sehr in der Vergangenheit, dass die Umstände inzwischen vergessen sein mögen. Der Hornruf selbst in der Heiligen Nacht aber ist lebendig: Jedenfalls lockt er die Menschen spät abends um 23 Uhr auf die Straßen der Villinger Altstadt.

## WEIHNACHTLICHES AUF DER BÜHNE – DIE MÄRCHENOPER »HÄNSEL UND GRETEL«

Was nun das Weihnachtsfest mit dem Hexenhaus von »Hänsel und Gretel« zu tun hat, ist nicht ganz klar. Ebenso wenig, warum gerade die Märchenoper von Engelbert Humperdinck »Hänsel und Gretel« auf dem Spielplan der Theater aller mittleren und größeren Städte in den Weihnachtstagen stand und bis heute noch steht. Offenbar entsprachen die Begriffe Märchen, Musik und Knusperhäuschen aus Lebkuchen immer schon den Sehnsüchten vieler Menschen nach weihnachtlicher Romantik. Einmal davon abgesehen, dass der Traum von einem irdischen Schlaraffenland mit Pfefferkuchen, Marzipan und Zuckerguss ohnehin durch die Kulturgeschichte geistert. Kein Wunder, dass die Königliche Hofoper Stuttgart dieses »Weihnachtsmärchen« sogar in wenig erbaulichen Zeiten inszenierte, nämlich während des Ersten Weltkriegs.

1893 hatte Engelbert Humperdinck (1854–1921) das Märchen »Hänsel und Gretel« zu einer Märchenoper umgeschrieben. Damals wurde das Stück unmittelbar vor Weihnachten, am 23. Dezember, im Hoftheater in Weimar unter der Leitung von Richard Strauß uraufgeführt. Der Handlungsablauf entsprach im Wesentlichen der Märchenvorlage. Das Hexenhäuschen nahm auf der Bühne nunmehr reale Gestalt an und bestand bei der Uraufführung bildwirksam aus Lebkuchen. Pfefferkuchenmänner umringten das »Knusperhäuschen« als Zaun.

Die Aufführung seinerzeit war eine Sensation und Märchenopern gewannen zunehmend große Popularität. Vielleicht gerade wegen des Lebkuchenhäuschens, das man zur Weihnachtszeit bis heute gern in Kleinformat nachbaut.

# FESTLICH SPEISEN

Aufwendig bereitete, festliche Weihnachtsessen bedeuteten zu allen Zeiten mehr als bloßes Sattwerden. Vielmehr war das gemeinschaftsstiftende Miteinander ebenso bestimmend wie der kulinarische Genuss an sich. Was das Essen angeht, so schätzen die einen traditionelle Gerichte, die es schon in der Kindheit gab, die anderen kreieren extravagante Menüs. Auch wenn es heutzutage immer weniger verpflichtende Normen gibt, stellt sich doch die Frage, woher die traditionellen Weihnachtsgerichte eigentlich kommen, die für viele von uns nach wie vor zu den Festtagen gehören. Im Schwäbischen wird dahingehend besonders gern der knusprige Schweinebraten genannt und im Badischen sind es würzige Schäufele. Auch ein schwäbischer Kartoffelsalat ist an Heiligabend populär, wie überhaupt in Deutschland mit Kartoffelsalat und Würstchen, Fondue oder Raclette gern bodenständig oder möglichst arbeitssparend gefeiert wird. An den Weihnachtsfeiertagen darf es dann etwas üppiger sein, beispielsweise mit Ente oder Gans.

In früheren Jahrhunderten war das anders, galten die Adventswochen bis zum 25. Dezember doch als strenge Fastenzeit. Vor allem Fleisch war mindestens bis ins Mittelalter strengstens verboten. Am 24. Dezember selbst waren die Vorschriften auch in den darauffolgenden Jahrhunderten rigoros, hier kam bis Mitternacht nur Brotsuppe, getrocknetes Brot oder eine bescheidene fleischlose Mahlzeit auf den Tisch. Noch im 16. Jahrhundert wetterte ein katholischer Theologe an der Universität Freiburg, Jodocus Lorichius (1540–1612), gegen den als teuflisch empfundenen Missbrauch des Weihnachtsabends durch vorzeitigen Fleischverzehr. Tatsächlich war ein üppiges und vor allem fleischlastiges Weihnachtsessen bis ins 20. Jahrhundert erst nach der (Christ-)Mette um Mitternacht beziehungsweise am 25. Dezember angezeigt. Wenig überraschend freuten sich die Menschen nach den langen Wochen der kulinarischen Enthaltsamkeit dann aber ganz besonders über ein üppiges und eben auch fettes Essen.

## KARPFEN, WEIHNACHTSGANS UND METTENWURST

Dabei hatten etliche Speisen früher eine symbolisch-religiöse Bedeutung: Fisch beispielsweise stand für Fruchtbarkeit und Leben, sodass am Ersten Weihnachtsfeiertag gern Karpfen auf den Tisch kam. Den mag man auch heute noch, wenn auch niemand mehr an die dahinterstehenden abergläubischen Vorstellungen denkt.

Schweine, die als Glücksbringer galten, aber auch Blut- und Leberwürste waren vor allem bei der ärmeren bäuerlichen Bevölkerung beliebt, und die festlichen Braten und Würste aus dem Schwein wurden seit dem Mittelalter typischerweise als »Mettenmahl«, »Mettensau« und »Mettenwürste« bezeichnet. Häufig stammten die Mettenwürste aus eigener Produktion, denn die Hausschlachtung war im Spätherbst auf allen Bauernhöfen üblich. Vielfach war es wirtschaftlicher, die Tiere nun zu schlachten, als sie den langen Winter hindurch im Stall zu

↑ Der Weihnachtskarpfen als traditionelles Gericht am Heiligen Abend.

↑ Auch der Gänsebraten gehört zu den klassischen Weihnachtsrezepten.

füttern. Vor allem das auserkorene »Weihnachtsschwein« wurde von der Erntezeit an nochmals gemästet, um es dann zur allgemeinen Freude für das Fest zu schlachten.

Auch für die Gans war der spätherbstliche Schlachttermin verbindlich. Vielfach wurde mit dem Schlachten sogar bis kurz vor Weihnachten gewartet, denn nach der langen Fastenzeit eignete sich die fette Gans als weihnachtlicher Schmaus besonders. Schon der St. Gallener Mönch Ekkehard IV. pries um das Jahr 1000 die mit Knoblauch, Quitten und Gewürzen gefüllte und an einem Spieß gebratene Festtagsgans. Überhaupt kam deftiges Geflügel – seien es Gans, Ente oder Truthahn – aufgrund seines hohen Fettgehalts gerne auf den Tisch. Diese Üppigkeit fand sich regionaltypisch auch in der Umgangssprache wieder. 1906 wurde der Heiligabend in Norddeutschland als »Vullbuksawend« beschrieben, was ins Hochdeutsch übersetzt »Vollbauch-Abend« heißt.

Weil vom Sattwerden abgesehen die symbolische Bedeutung wichtig war, aß man keimende und quellende Speisen wie Bohnen und Linsen zum Beispiel aus der Überlegung heraus, dass sie quellenden Wohlstand bringen mochten. Auch mit dem Verzehr von rogenreichem Hering oder körnerreichem Mohnkuchen verbanden sich mystisch-abergläubische Vorstellungen – sie sollten so viel Geld und Glück bringen, wie sie Körner hatten. Äpfel wiederum verliehen Gesundheit – was ohnehin nicht von der Hand zu weisen ist –, und aus Nusskernen glaubte man die Zukunft lesen zu können.

Heute sind kaum noch verpflichtende Vorgaben für das weihnachtliche Festessen gegeben; vielmehr pflegt jede Familie am Heiligabend ihre eigene Tradition. Nach wie vor aber gilt, dass das Fest als Gemeinschaftsereignis auch dann noch in Erinnerung bleibt, wenn der Hunger längst gestillt und Weihnachten längst vorbei ist.

# ZWISCHEN SILVESTER UND DREIKÖNIG

102   Zwischen Silvester und Dreikönig

# SILVESTER UND NEUJAHR

Der Neujahrstermin in westlichen Ländern wechselte im Mittelalter mehrfach, bis die Gregorianische Kalenderreform 1592 den letzten Tag des Jahres vom 24. auf den 31. Dezember verlegte. Unvergesslich geworden ist in diesem Zusammenhang der Tagesheilige, nämlich der heilige Silvester, der von 314 bis 335 Papst war und just am 31. Dezember gestorben ist.

Bei den verschiedenen Möglichkeiten der Silvesterfeier ist die Verehrung des Heiligen weitgehend vergessen. Insgesamt aber stellt jeder Jahreswechsel eben eine gewisse Zäsur dar, sodass neben allgemeinen Glücks- und Gesundheitswünschen sowie Bräuchen, die Vorhersagen für das neue Jahr treffen sollen, auch Gebete und Nachdenklichkeit über das Vergangene und das Zukünftige ihren Platz haben. In Künzelsau zum Beispiel ist es am Silvesterabend um 19 Uhr bis heute üblich, dass Turmbläser gemeinsam mit einer Gruppe, die Laternen trägt, vom Kirchturm herab das alte Jahr verabschieden. Feierliche Choräle ertönen bei diesem »Engelesblasen« und die Lichter werden von der Brüstung des Turms geschwenkt.

Einen noch intensiveren Eindruck dürfte der traditionelle Silvesterzug in Schiltach hinterlassen: Mit Beginn des Glockenläutens der evangelischen Stadtkirche formiert sich am Abend eine Prozession aus Bürgerinnen und Bürgern mit Laternen. Singend ziehen sie durch die nur mit Pechfackeln beleuchtete Innenstadt. Dieser Brauch kirchlichen Ursprungs ist mindestens seit dem Jahr 1811 belegt und sicherlich kein lautes Event, sondern ein Umzug, der als »Dank der Gemeinde an Gott für das zu Ende gehende Jahr« zu verstehen ist. Das gemeinsame Danksagen und Singen entspricht einem bewussten »Innehalten« am Ende eines Jahres und spricht unabhängig von religiösem Denken auch heute noch viele Menschen in Schiltach und Umgebung an.

→ Der in Schiltach geborene Maler Eduard Trautwein (1893–1978) hielt den spätabendlichen Silvesterzug in Schiltach, bei dem die Gemeinde mit Laternen singend durch die Straßen zieht, auf einem Gemälde fest.

← Anstoßen aufs neue Jahr! Bereits seit der zweiten Hälfte des 19. Jahrhunderts sind Sekt und Champagner nahezu weltweit die Getränke schlechthin für festliche Anlässe.

# MIT FEUERWERK UND LÄRM INS NEUE JAHR

Aller Erfahrung nach ist die Begrüßung des neuen Jahres heute meist mit dem Abschießen von farbenprächtigen Feuerwerkskörpern oder lärmenden Knallfröschen verbunden. Zischen, Knallen, Krachen – vorbei! Ein Feuerwerk kann man nicht festhalten, nur in seiner Schönheit erleben, und vielleicht macht gerade das seine Faszination aus. Zwar werden private Feuerwerke aufgrund der hohen Geldsummen, die quasi »verpulvert« werden, der Umweltbelastung und der durch die »Böllerei« verstörten Haustiere mittlerweile durchaus kontrovers diskutiert, beliebt sind sie aber trotzdem. Neu ist das nicht. Dass der Bedeutungsschwerpunkt der Silvesternacht auf dem Lärm liegt, sei es durch Böllerschüsse, Neujahrsschießen, Peitschenknallen oder Kettenrasseln, ist jedenfalls historisch vielerorts belegt. Der gelegentlich leichtsinnige Umgang mit dem Gewehr im Schwäbischen wie auch anderswo mag dazu geführt haben, dass Feuerwerkskörper und andere Lärmgeräte zunehmend die Gewehrschüsse ersetzt haben. Dieses Lärmen als Freiheit von Angst zu proklamieren – sei es vor bösen Geistern, trüben Gedanken oder düsteren Zukunftsaussichten –, ist eher zweifelhaft. Lärm soll vielmehr Aufmerksamkeit erzeugen, Lebensfreude ausdrücken und Zeichen der Zuversicht sein.

Ohnehin ist im Volksglauben die hoffnungsvolle Ansage »Wie Neujahr – so das ganze Jahr!« verankert, und das verband sich mit bestimmten Brauchformen. Immerhin waren mit einem Jahreswechsel stets viele – persönliche wie wirtschaftliche – Erwartungen und Wünsche verbunden, naturgemäß aber auch Sorgen und Ängste. Kaum verwunderlich, dass ein Lieblingsthema zu Silvester und Neujahr Orakel waren und sind. Man denke nur an das Bleigießen: Die dabei entstehenden Formen sollten entweder auf private Veränderungen oder die berufliche Zukunft (Handwerkszeichen wie Hammer, Kelle oder Schere) hindeuten. Bedenkt man, dass das Bleigießen auch heute noch eine nicht immer ganz ernst genommene, magisch-abergläubische Praxis ist und zudem als ein beliebter Silvesterspaß gilt, lässt sich nur feststellen: Früher war man gar nicht so exotisch.

← Bis heute sind viele Schiltacher beim traditionellen Silvesterzug dabei. Die umliegenden Geschäfte schalten derweil ihre Schaufensterbeleuchtung aus.

→ Jedes Jahr entzünden Städte oder Privatpersonen zum Teil gigantische Feuerwerke. Manchenorts wird inzwischen aber ein Böllerverbot ausgesprochen.

# BREZELGLÜCK ZUM JAHRESANFANG

Fragt man sich, warum es zum Neujahrsbeginn traditionell bestimmte Backwerke gibt, so lag das sicherlich daran, dass auch diese zumindest in früheren Zeiten beinahe beschwörend ein gutes Omen für das folgende Jahr sein sollten. Heute haben wir von den dahinterstehenden Vorstellungen nur noch eine vage Kenntnis; die Gebäcke selbst, die es in den Bäckereien zu kaufen gibt, sind aber nach wie vor etabliert. Das gilt besonders für die Brezel, die man vor allem in Baden in etwas größerer Form überall als »Neujahrsbrezel« kaufen kann. Um deren Bedeutung zum Jahresbeginn verstehen zu können, ist es nützlich zu wissen, welche Vorgeschichte das Gebäck hat.

Die Brezel ist aus einer Rundform entstanden, die bereits den Römern bekannt war – im Prinzip jedenfalls. Bei dem römischen Ringbrot handelte es sich um ein Feinbrot, welches zunächst bei kultischen Handlungen Verwendung fand. Vom 2. Jahrhundert bis ins frühe Mittelalter diente dieses feine, runde Hartweizengebäck den Christen als Abendmahlsbrot und wurde in dieser Zeit allmählich bis ins 11. Jahrhundert in die geschlungene Form gewandelt. Ausgehend von diesem eucharistischen Ursprung war die als heilig geltende Brezel später zunächst als Fastengebäck bedeutend und fand dann über die Klosterkirchen des Mittelalters in ganz Europa weite Verbreitung. So gab es kaum einen Anlass und kaum ein Fest im Jahres- und Lebenslauf, an dem nicht eine besondere Brezel gebacken wurde, die Glücks- und Schutzfunktion haben sollte.

Tief verwurzelt ist die Vorstellung, dass der Brezelverzehr und Brezelgeschenke zum neuen Jahr Glück und Liebe bewirken, aber auch ganz unspezifisch Schutz vor Unglück und Krankheiten bieten sollen. In diesem Zusammenhang sind entsprechende Brauchhandlungen zu sehen. Vor allem als Liebes- und Glückssymbol war die Brezel in der Silvesternacht oder am

← Herzliche Neujahrsgrüße mit Brezel als Glücksbringerin.

Neujahrstag beliebt: Brezeln wurden in der Neujahrsnacht einem Mädchen als Zeichen der Zuneigung geschenkt. Oder aber die jungen Männer brachten ihrer Angebeteten eine Neujahrsbrezel als Liebesbeweis und wurden dafür mit Glühwein belohnt. Auch als Geschenktag zwischen Paten und Patenkindern war das Neujahrsfest im schwäbischen, alemannischen und österreichischen Raum wichtig: Kinder bekamen von ihren Paten eine große Neujahrsbrezel oder Formgebäcke als Zeichen der Freundschaft und als Glücksgabe vermacht. Angesichts der seinerzeit nicht sehr großen Auswahl an Süßigkeiten und feinen Gebäcken waren die süßen Neujahrsbrezeln besonders begehrt.

↑ Solche Neujahrsbrezeln bekamen die Kinder im alemannischen und schwäbischen Raum von ihren Paten geschenkt.

Bis heute gibt es vor allem im Badischen und in Österreich besonders schöne, mit prächtigen Zöpfen verzierte Neujahrsbrezeln oder geflochtene Hefekränze, die nach überlieferten Rezepten gebacken werden und am 1. Januar einen wichtigen Platz auf dem Frühstückstisch einnehmen.

## GEFLOCHTENE NEUJAHRSBREZEL

### ZUTATEN

350 g Mehl
20 g Hefe
125 ml Milch
50 g Butter
3 EL saure Sahne
1 Ei
40 g Zucker
¼ TL Salz
1 Messerspitze Muskat
abgeriebene Schale von 1 Zitrone

### ZUBEREITUNG

Mehl in eine Schüssel schütten und zusammen mit der zerbröckelten Hefe, der lauwarmen Milch und etwas Zucker zu einem Vorteig verrühren. Den Teig ca. 15 Minuten gehen lassen. Danach die flüssige Butter und alle anderen Zutaten zu dem Vorteig geben und alles zu einem glatten Teig kneten, den man anschließend an einem warmen Ort wieder 15 Minuten gehen lässt. Anschließend aus dem Teig drei Stränge von rund 50 cm Länge rollen, die zu den Enden hin dünner werden. Daraus einen Zopf flechten, zu einer Brezel formen und auf ein gefettetes Backblech legen. Die Brezel nochmals 20 Minuten gehen lassen. Anschließend die Oberfläche mit Eigelb bestreichen und 25 bis 35 Minuten bei 200 Grad backen.

# STERN-STUNDEN UM DEN DREIKÖNIGSTAG

Die Erscheinung des Herrn, also die Epiphanie, wie das Fest am 6. Januar im christlichen Kontext genannt wird, ist zugleich das Fest der Heiligen Drei Könige. Zu Königen sind die im Matthäus-Evangelium ursprünglich als Magier bezeichneten drei erst im 3. Jahrhundert geworden, wobei ihre Anzahl tatsächlich nie überliefert war. Die in der Westkirche verbreiteten Namen Caspar, Melchior und Balthasar kamen erst später dazu. Ihre Namen gelten heute als stellvertretend für die drei damals bekannten Kontinente Afrika, Asien und Europa. In der katholischen Kirche werden die drei Könige als Heilige verehrt, auch wenn es nie eine förmliche Heiligsprechung gegeben hat. Im Protestantismus herrscht die Bezeichnung »Weise aus dem Morgenland« vor.

In erster Linie sind es die Könige selbst, die zu Dreikönig im Mittelpunkt verschiedener religiöser Brauchhandlungen und abergläubischer Vorstellungen stehen. Die Menschen verbanden mit der Anrufung der Heiligen Drei Könige einst einen Abwehrsegen gegen alles Unheil für Haus und Hof im kommenden Jahr. Wenig erstaunlich für agrargesellschaftliche Gruppen, die auf die Gunst von Wetter und Boden angewiesen waren. Solche Gepflogenheiten haben in der Regel nie den Sprung vom Land in die Stadt geschafft, zum Beispiel die Vorstellung aus Schwaben, dass Obstbäume, die man während des Kirchenläutens am Vorabend der Dreikönige mit Stroh einband, im nächsten Jahr reiche Frucht tragen würden. Auch galten die so genannten Raunächte, die zwölf heiligen Nächte zwischen Heiligabend und Dreikönige, als die Zeit, in der Haus und Hof mit einem geweihten Kräuterbüschelzweig kräftig geräuchert und mit verschiedenen Brauchhandlungen gereinigt werden mussten. Das sollte Mensch und Vieh Schutz und Glück fürs neue Jahr sichern. Diese Gedanken sind ziemlich in Vergessenheit geraten und wirken sich heute in der Region kaum mehr praktisch aus.

← Andachtsbild mit der Anbetung der Heiligen Drei Könige, Ende des 19. Jahrhunderts.

↑ Die Heiligen Drei Könige als religiöses Motiv auf einem Adventskalender aus dem Jahr 1978.

Neben den magisch-abergläubischen Praktiken standen die offiziellen der katholischen Kirche. Der religiöse Rahmen für manche Dreikönigsbräuche orientierte sich auch an der Taufe Jesu im Jordan. In Anlehnung daran wurde zum Beispiel in Baden und Württemberg Wasser aus einem Fluss entnommen und gesegnet, um Schutz vor Unwettern zu gewähren. Die Liste der damit verbundenen volkstümlichen Bräuche ist schier endlos: So wurde vielerorts die Segnung der Häuser und Ställe durch den katholischen Pfarrer mit dem geweihten Wasser vorgenommen. Er räucherte Stall und Haus mit Weihrauch aus und besprengte sie mit Dreikönigswasser. Im Badischen galt das um Mitternacht vor Dreikönig geschöpfte geweihte Wasser als besonders heilkräftig. Zudem schrieb man mit geweihter Kreide an die Türen die abgekürzten Namen C + M + B sowie die Jahreszahl, um Unglück von Haus oder Wohnung und Ställen, von Menschen und Tieren fernzuhalten.

# VOM STERNSINGEN

Die Sternsinger, die in der Verkleidung der Heiligen Drei Könige mit einem leuchtenden Stern von Haus zu Haus ziehen, um in Versen oder Liedern die Geschichte der Weisen aus dem Morgenland zu erzählen und Gaben zu erbitten, verkörpern einen in katholischen Gegenden gepflegten Brauch, der mindestens bis ins 16. Jahrhundert zurückreicht. Der früheste zuverlässige Bericht hierzu stammt aus dem ältesten Kloster im deutschsprachigen Raum, dem Benediktinerstift St. Peter zu Salzburg, wo 1541 die »Singer mit dem Stern« am Fest der Heiligen Drei Könige »eine Geldsumme erhalten«. Das ist wunderbar eindeutig. Die Brauchpraxis sah so aus, dass oft ärmere Schüler als Könige verkleidet durch die Straßen zogen und den Zug zur Krippe nachspielten. Die Geschenke, die die Kinder erhielten, kamen den Brauchträgern zugute, sodass sich der Brauch entsprechend großer Beliebtheit erfreute. Hintergrund war die oftmals schlechte wirtschaftliche Lage der städtischen Schulen, die sowohl Lehrer als auch Schüler zu solchen Umgängen zwang. Neben kleineren Geldsummen gab es dabei häufig Hutzelbrot, Krapfen, Äpfel, Lebkuchen oder Nüsse.

## STERNSINGEN IM KINZIGTAL

Etwas ganz Besonderes war und ist bis heute das Sternsingen in Haslach im Kinzigtal. Tatsächlich ist dies einer der ältesten noch lebendigen Dreikönigsbräuche in Baden-Württemberg. Historischen Berichten zufolge zogen bereits Mitte des 19. Jahrhunderts Singknaben vom Kirchenchor in »schneeweißen Hemdlein« und mit einer Krone auf dem Kopf von Haus zu Haus und sangen vielstrophige Dreikönigslieder. Begleitet wurden sie von einem Nachtwächter, dem so genannten Sterndriller, der an einer langen Stange einen großen weißen Stern aus geöltem Papier trug. Im Inneren des Sterns brannte eine Kerze. Überall wurden die Türen und Fenster geöffnet, um den Sängern zuzuhören und ihnen kleine Geschenke zu überreichen.

Zwar tragen die aktiven Dreikönigssinger mittlerweile königliche Gewänder, aber ansonsten hat sich der Haslacher Sternsingerbrauch im Großen und Ganzen bis in die Gegenwart erhalten. Die lokale Sammlung der alten Weihnachts-, Hirten- und Dreikönigslieder, die – je nach Wunsch – an jeder Haustür verschieden vorgetragen werden können, machen das Sternsingen in Haslach zu einer lebendigen und von vielen in der Gemeinde mitgetragenen Brauchtradition. Das Geldeinsammeln geschieht – hier wie anderswo – allerdings nicht mehr zum eigenen Wohl, sondern ist als Spende für Not leidende Kinder überall in der Welt bestimmt.

← Die Sternsinger als Motiv für Neujahrsgrüße auf einer historischen Postkarte.

→ Der Königskuchen mit einer versteckten Bohne wird in Baden aus süßem Hefeteig hergestellt, der zu blütenförmig angeordneten Kugeln geformt und mit Mandelblättchen bestreut wird.

### INSZENIERTES DREIKÖNIGSSPIEL IN HEILIGENZELL

Um in Baden zu bleiben: In einem bis in die 1980er-Jahre gepflegten personenreichen Dreikönigsspiel in Heiligenzell bei Lahr haben sich Dreikönigsspiel und Sternsingeraktion zu einem richtigen Einkehrbrauch vermischt. Dabei gingen die Brauchträger – Schüler, früher traditionell der letzte Grundschuljahrgang – an den Tagen zwischen Weihnachten und Dreikönig von Haus zu Haus und baten mit traditionell festgelegten Versen um Einlass für ein »Stubenspiel«. Der zentrale Gehalt des Spiels sind die biblischen Handlungsabläufe rund um die Heiligen Drei Könige, wobei ein Auftritt des heiligen Joseph und des Königs Herodes mit eingeschlossen war.

Dieses Dreikönigsspiel war in verschiedenen Spielvarianten, aber doch in ähnlicher Gestalt, für die gesamte Ortenauregion bezeugt, und so kann die vielfach geäußerte Vermutung, dass die Anregung und sogar das Urspiel auf die Benediktiner aus dem nahe gelegenen ehemaligen Stift Schuttern zurückgeht, durchaus zutreffen.

Bundesweit wurde 1958 vom Kindermissionswerk »Die Sternsinger« in Aachen das Dreikönigssingen mit neuem Ziel wieder aufgegriffen, nämlich als die heute größte Solidaritätsaktion von Kindern und Jugendlichen für Kinder und Jugendliche in Not. Als Botschafter des Friedens kommen die Sternsinger mit einem Wunsch zu den Menschen: »Christus möge dieses Haus segnen.« Mit Kreide schreiben sie diesen Segen in der lateinischen Abkürzung »C+M+B«, also »Christus mansionem benedicat«, an die Haustüren und erbitten Spenden für bedürftige Kinder in aller Welt. Dass sich Kinder und Jugendliche für eine bessere Welt einsetzen, ist zum einen ein Stück wirkliches Gemeindeleben. Zum anderen hat dieser neu belebte Brauch durchaus auch eine gesellschaftspolitische Bedeutung.

# KÖNIGLICH INS NEUE JAHR

Das Bohnenkönigsfest, bei dem ein ganz besonderer Kuchen beziehungsweise der Finder der darin enthaltenen Glücksbohne geehrt wird, ist bereits seit dem Spätmittelalter in weiten Teilen Europas verbreitet. So schilderte Sebastian Franck 1534 in seinem »Weltbuch« höchst detailreich, wie es bei der Wahl des so genannten Bohnenkönigs – also eines Königs, der nicht von Gottes Gnaden war – zuging: Ein Lebkuchen, in den eine Münze eingebacken war, wurde so zerteilt, dass jedes Familienmitglied und auch die Bediensteten ein Stück davon erhielten. Derjenige, dem das Stück mit der Münze zufiel, wurde als König ausgerufen. Er galt als eine Art Narren- oder Ersatzkönig, der den ganzen Tag trinkend, singend und tanzend regieren durfte.

## DER KUCHEN MIT DER GLÜCKSBOHNE

Um welche Art Kuchen es sich handelte, das konnte regional offenbar sehr unterschiedlich sein. Vom Reiskuchen über Hefekuchen, Lebkuchen und Fladen bis hin zum Pfannkuchen – viele Kuchenarten werden erwähnt. Fest steht, dass es sich der Gewählte bei dem oft ausufernden Gelage mit seinen Kumpanen gut gehen ließ in seiner verkehrten Welt, dem Narrenreich. Dementsprechend ging es auch keineswegs besinnlich zu, sondern eher trunken-fröhlich. Mit dem Gedenktag der Heiligen Drei Könige hat das Ganze außer dem Datum nicht viel zu tun, wie man sich denken kann. Vielmehr kennzeichnet der Termin das Ende des engeren Weihnachtsfestkreises mit dem Übergang zur Vorfastenzeit. Kein Wunder, dass sich protestantische Prediger, wie der Straßburger Münsterprediger Johann Dannhauser, im 17. Jahrhundert über die »wütende Freß- und Säufferey« zu diesem Anlass echauffierten. Heutzutage kann davon keine Rede mehr sein. Bekannt ist das Bohnenkuchenfest allerdings schon noch, im Rheinland wird es von Vereinen sogar öffentlich mit der Wahl des Königs oder der Königin gefeiert.

Im Badischen und in der Schweiz sorgte in erster Linie das Bäckerhandwerk seit den 1950er-Jahren für eine Neubelebung des Brauchs. Inwieweit der Tag außer einem gemeinsamen Frühstück mit dem Königskuchen noch zelebriert wird, sei dahingestellt – es sind vor allem die Kinder, die sich wünschen, zum »Bestimmer« des Tages ernannt zu werden.

Zwischen Silvester und Dreikönig

# WÜRFELN UM EIN GEBÄCK – DER REUTLINGER MUTSCHELTAG

Wer am Donnerstag nach dem Dreikönigsfest in Reutlingen bei Stuttgart weilt, trifft dort in Gast- und Privathäusern Bürgerinnen und Bürger, die in geselliger Runde würfeln. Als Lohn für diese ausgeprägte »Zockertätigkeit« winkt eine ganz besondere Spezialität, ohne die an diesem Tag in Reutlingen gar nichts läuft: die etwa handtellergroße »Mutschel«. Dabei handelt es sich um ein Gebildbrot – also ein frei mit der Hand geformtes Gebäck – in Form eines achtzackigen Sterns, auf dessen Mitte ein geflochtener Kranz gelegt ist und dessen acht Zacken kleine Embleme in Form von Ringen, Brezeln oder Ministernen tragen. Diese Sternform ist – neben der Terminierung – auch schon das Einzige, was die Mutschel mit dem Dreikönigsfest verbindet, denn bei der Sternform berief man sich gerne auf den Stern der Weisen aus dem Morgenland. Sicher ist, dass sich die Stadt auf diese Weise ein Symbol geschaffen hat, mit dem sie sich bis zum heutigen Tag identifiziert. Und in der Tat ist die Reutlinger Mutschel nicht nur Teil der lokalen Geschichte, sondern sie schreibt auch selbst Geschichte.

In alten Chroniken findet man das Wort »Mutsche« oder »Mütsche« bereits seit dem 13. Jahrhundert als Begriff für kleine Brote. Und zwar nicht nur in Reutlingen, sondern auch anderswo in Süddeutschland, sogar in Straßburg und im Hessischen. Auch der Brauch selbst ist nicht neu. Lange hat er sich über Baden und Südwürttemberg bis in die Schweiz, das Elsass und Tirol erstreckt. Heute freilich sind es nur noch ganz wenige Städte, die den Mutscheltag feiern, etwa Pfullingen und Reutlingen. Die besonders reich verzierte Form des achtzackigen Sterngebildes und das Würfeln darum ist allerdings nur aus der einstigen Freien Reichsstadt Reutlingen überliefert und hat eine lange Tradition.

## KOMPLIZIERTES WÜRFELGLÜCK

Was weiß man über den Reutlinger Mutscheltag? Aus der Oberamtsbeschreibung Reutlingens ist zu entnehmen, dass schon zur reichsstädtischen Zeit am zweiten Donnerstag im Januar die Bürger, die im vorangegangenen Jahr geheiratet hatten, zum Stadtmilitär eingezogen wurden. Zu ihren Ehren gab es im Schützenhaus ein achttägiges Scheibenschießen, bei dem die Mutscheln als Preise ausgesetzt waren. Wer kein großer Schütze war, konnte in der Backstube oder in Weinschenken um das begehrte Gebäck würfeln, das später die Ehefrauen erhielten, wenn die Männer mitunter nach Tagen aus den Schenken nach Hause kamen. Für diese arge Verspätung dürfte nicht allein das Gebäck die Ursache gewesen sein.

Der Brauch, die Mutschel durch einen guten Schuss zu gewinnen, wurde vermutlich bis etwa 1600 beibehalten, danach verlagerte sich der Brauch hin zum Würfelspiel. Ob diese Version

↑ Im Mittelpunkt des Mutscheltags im schwäbischen Reutlingen steht die reich verzierte, sternförmige Mutschel aus Hefeteig mit acht Zacken.

tatsächlich der historischen Realität entspricht, ist umstritten, denn in den Archiven der Stadt Reutlingen finden sich dazu keine eindeutigen Anhaltspunkte. Tatsache aber ist, dass die Reutlinger bis heute einmal im Jahr am Mutscheltag spielend zur Hochform auflaufen. Am Wirtshaustisch und in Privathäusern würfeln sie nach über 20 verschiedenen traditionsreichen Spielvarianten um das Backwerk. Das Reutlinger Mutschelspiel kennt sehr bildhafte Bezeichnungen für die Spielzüge, wie »Das nackete Luisle«, »Der lange Entenschiss«, »Die einsame Filzlaus« oder »Der Wächter bläst vom Turme«. Bei letzterer Variante, nur als Beispiel, werden zwei Würfel in den Becher gelegt und bleiben im umgestülpten Becher-»Turm« liegen. Der Spieler legt nun den dritten Würfel auf den oberen Rand des Turms und bläst ihn hinunter, wobei er zuvor den Spielnamen nennen muss. Die Augenzahl dieses Würfels und die Summe des gelüfteten Turmgeheimnisses werden dann multipliziert. Man muss das alles nicht direkt verstehen, einfach mal zuschauen! Und die Reutlinger Mutschel kann man so oder so probieren, denn die Bäcker vor Ort bieten das mürbe Hefegebäck schon Wochen zuvor überall an.

# ALLE JAHRE WIEDER

Das hier Erzählte verdeutlicht, dass das christliche Weihnachtsfest mit all seinen religiösen, aber auch volkstümlichen Facetten für die meisten von uns eine besondere emotionale Bedeutung hat. Das mag der Grund sein, dass wir an der Festgestaltung möglichst wenig ändern wollen, wohl in der Hoffnung, dass wir die Gefühle, die damit verbunden sind, auch als Erwachsene noch so erleben können.

Gerade weil uns Weihnachten viel bedeutet, war es mir ein Anliegen, etwas über die Ursprünge und die Entwicklungsschritte zu berichten, die hinter den heute noch gelebten weihnachtlichen Elementen und Bräuchen stehen. Denn, seien wir ehrlich, sind wir nicht alle gelegentlich etwas peinlich berührt von unserem vagen Wissen um die tatsächlichen Hintergründe der weihnachtlichen Festelemente einerseits und dem von vielen Emotionen geprägten Braucherleben andererseits? Natürlich ist es das Besondere an Bräuchen, dass sie auch ohne Kenntnis ihrer Bedeutung mitgefeiert und emotional erlebt werden können. Aber neben der ganz unbedarften Freude an einer Sache ist es doch auch ganz spannend zu erfahren, dass der Adventskranz, ein geschmückter Weihnachtsbaum und sogar ein Adventskalender keine beliebigen oder neumodischen Requisiten sind, sondern eben eine lange Geschichte mit historischer Tiefe besitzen.

Und so bleibt am Ende festzustellen: Weihnachten, das ist sicher, wird als ein Fest mit tief verwurzelten christlichen Aussagen, religiösen Brauchübungen, aber zugleich mit magisch-abergläubischen Vorstellungen bis heute gelebt. Wobei auch ein »Ho-ho-ho-Weihnachtsmann«, poppige Weihnachtssongs und blinkende Kinderfahrgeschäfte auf den Weihnachtsmärkten mittlerweile irgendwie dazugehören und wir uns in unserer säkularisierten Gesellschaft locker zwischen religiösen Traditionen und neuen, kreativ erscheinenden Trends bewegen, zwischen weihnachtlicher Idylle und Konsum. Es ist nichts Neues, dass die eine oder andere Facette der Advents- und Weihnachtsbräuche verschwindet, in neuer Bedeutung erscheint oder punktuell wieder auflebt. Der dahinterstehende große gesellschaftliche Rahmen bildet sich eben auch in unserer »Weihnachtswelt« ab.

Dazu gehören neben vielen religiösen Traditionen und Bräuchen, die manches Mal ihre frühere Kernaussage verloren haben, auch neue Aspekte, die zentrale Werte und gesellschaftliche Normen der Jetztzeit widerspiegeln. So ist der Besuch der weihnachtlichen »Christmette« keine Selbstverständlichkeit mehr, obwohl wir uns mit diesem Fest und seinen Brauchelementen in einem religiösen Umfeld bewegen, ob es uns bewusst ist oder nicht. Zugleich werden in unserer multikulturellen Gesellschaft Begrifflichkeiten wie der Weihnachtsbaum ebenso emotional

↑ »Weihnachten in der Stube«. Romantisierende Motivvorlage von Elisabeth Lörcher für einen Adventskalender aus dem Sellmer-Verlag, 1950er-Jahre.

diskutiert wie die Hautfarbe des Königs Caspar beziehungsweise die Überlegung, ob man eine dunkle Hautfarbe künstlich »schminken« sollte. Das alles zeigt, dass das christliche Weihnachtsfest mit seinen althergebrachten wie neuen Elementen nicht einfach »Bestand« ist, sondern von uns allen getragen, gelebt und gegebenenfalls unterschiedlich reflektiert wird.

Sicherlich konnte hier bei Weitem nicht alles erzählt werden, was es zu erzählen gäbe, und so wird der eine oder die andere vielleicht bestimmte Bräuche, Orte oder Impulse rund um die Weihnachtszeit vermissen. Vieles Wissenswerte, Interessante, Ungewöhnliche und Kuriose konnte aber erzählt werden und lässt uns das Weihnachtsfest im Allgemeinen wie im Besonderen der Region hoffentlich ein klein wenig besser verstehen. Es würde mich freuen, wenn dies zu einer noch größeren Wertschätzung der weihnachtlichen Traditionen führen würde und damit einhergehend zu einer noch größeren Weihnachtsfreude.

# DIE AUTORIN

**Irene Krauß** lebt als Publizistin und freie Mitarbeiterin verschiedener Zeitungen und Zeitschriften in Bad Säckingen. Sie ist Autorin zahlreicher Publikationen und Aufsätze zu Nahrungsmitteln, Alltagskultur und Landesgeschichte in Baden-Württemberg.

# LITERATURVERZEICHNIS (AUSWAHL)

**Bächtold-Stäubli, Hanns (Hrsg.):** Handwörterbuch des deutschen Aberglaubens. Berlin 1930 ff.
**Beitl, Erich; Oswald, A. Erich:** Wörterbuch der deutschen Volkskunde. Stuttgart ³1874.
**Hansen, Hans J.:** Kunstgeschichte des Backwerks. Oldenburg/Hamburg 1968.
**Hörandner, Edith:** Model. Geschnitzte Formen für Lebkuchen, Spekulatius und Springerle. München 1982.
**Krippen aus Papier (Bearb. Heike Gall):** Begleitheft zur gleichnamigen Ausstellung im Museum für Volkskultur in Württemberg, Schloss Waldenbuch, 27. November 1993 – 16. Januar 1994. Stuttgart 1993 (Veröffentlichungen des Museums für Volkskultur in Württemberg, Waldenbuch, Heft 2).
**Kauß, Dieter:** Nikolausbrauch im Kinzigtal (mittlerer Schwarzwald). In: Beiträge zur Volkskunde in Baden-Württemberg (Hrsg. von der Landesstelle für Volkskunde Freiburg u. a.). Bd. 4. Stuttgart 1991, S. 219–240.
**Klauda, Manfred:** Die Geschichte des Weihnachtsbaumes. München 1993.
**Krauß, Irene:** Chronik bildschöner Backwerke. Stuttgart 1999.
**Dies.:** Gelungen geschlungen. Das große Buch der Brezel. Tübingen 2003.
**Moser, Dietz-Rüdiger:** Bräuche und Feste im christlichen Jahreslauf. Brauchformen der Gegenwart in kulturgeschichtlichen Zusammenhängen. Köln 1993.
**Wager, Wulf:** Bräuche im Ländle. Stuttgart 2017.
**Weber-Kellermann, Ingeborg:** Das Weihnachtsfest. Eine Kultur- und Sozialgeschichte der Weihnachtszeit. Luzern, Frankfurt am Main 1978.

# IMPRESSUM

Sollte dieses Werk Links auf Webseiten Dritter enthalten, so machen wir uns die Inhalte nicht zu eigen und übernehmen für die Inhalte keine Haftung.

1. Auflage 2024
© 2024 Silberburg-Verlag GmbH, Schweickhardtstraße 1, D-72072 Tübingen.
Alle Rechte vorbehalten.

Umschlaggestaltung: Björn Locke, Herrenberg.
Lektorat: Matthias Kunstmann, Karlsruhe.
Layout und Satz: Silke Schüler, Portimão.

Printed in Poland by CGS Printing.

ISBN: 978-3-8425-2462-0

In diesem Buch wird aus Gründen der besseren Lesbarkeit das generische Maskulinum verwendet. Weibliche und anderweitige Geschlechteridentitäten werden dabei ausdrücklich mitgemeint, soweit es für die Aussage erforderlich ist.

Ihre Meinung ist wichtig für unsere Verlagsarbeit. Senden Sie uns Ihre Kritik und Anregungen unter meinung@silberburg.de

Besuchen Sie uns im Internet und entdecken Sie die Vielfalt unseres Verlagsprogramms:
www.silberburg.de

# BILDNACHWEIS

Coverbild: S.H.exclusiv, Shutterstock. Hintergrundbild: Shutterstock, Woskresenskiy. Archiv Irene Krauß, Bad Säckingen: S. 8, 9, 14, 27, 34, 37, 55 rechts, 63, 64, 67, 80, 81, 84, 86, 88, 91, 92, 94, 102, 106, 108, 109, 110, 119. Deutsches Weihnachtsmuseum, Rothenburg ob der Tauber: S. 7, 15, 17, 22, 31, 33, 55 links, 65, 71, 72, 74, 75, 76 (2), 77 (3), 79, 83, 87, 117. Germanisches Nationalmuseum, Nürnberg: S. 68. Isny Marketing GmbH, Isny: S. 11, 30. Kloster Bonlanden, Agentur Milla & Partner, Stuttgart: S. 58 (2). Roman Krauß, Bad Säckingen: S. 39, 42, 45, 48, 49, 51, 105, 107 (2), 113. Krippenmuseum Oberstadion: S. 54, 61, 93. Kultur- und Tourismus GmbH Gengenbach: S. 24/25. Läckerli Huus, Basel: S. 46, 47, 70. Museumssammlung der Stadt Schiltach: S. 103. Richard Sellmer Verlag KG, Stuttgart: S. 20/21, 23. Sammlung Museum Brot und Kunst, Ulm: S. 32, 40. Schwäbisches Krippenmuseum, Mindelheim: S. 56, 57 oben, 59. Shutterstock: Olga Niekrasova: S. 29; Berit Kessler: S. 50; Teresa Kasprzycka: S. 99 links; Liliya Kandrashevich: S. 99 rechts. SMG Stuttgart Marketing GmbH, Sarah Schmid: S. 28. Stadt Bad Wimpfen: S. 10. Stadtarchiv Biberach, M 10.1 Nr 3828: S. 95. StaRT GmbH Reutlingen, Dimitri Drofitsch: S. 115. Struwwelpeter-Museum, Frankfurt am Main: S. 26. Theaterwissenschaftliche Sammlung der Universität Köln: S. 96. Tourist-Information Steinach: S. 35. Wallfahrtskirche Weggental, Rottenburg: S. 57 unten. Weißenhorner Heimatmuseum, Jürgen Gaiser: S. 43. Wikimedia Commons: Bk muc (CC BY-SA 4.0): S. 104. Gemeinfrei: S. 19.

## Leckere Weihnachten

Katharina Hild, Nikola Hild

### Klassische Weihnachtsrezepte aus Schwaben

35 traditionelle Köstlichkeiten für die schönste Zeit des Jahres

96 Seiten.
ISBN 978-3-8425-2449-1

Katharina Hild, Nikola Hild

### Klassische Weihnachtsrezepte aus Baden

35 traditionelle Köstlichkeiten für die schönste Zeit des Jahres

96 Seiten.
ISBN 978-3-8425-2450-7

Rund 35 Rezeptideen für Weihnachten aus den Küchen Badens und Schwabens fürs festliche Weihnachtsmenü. Einfach nachzukochen, mit Vorspeisen, klassischen schwäbischen und badischen, aber auch vegetarischen Hauptgerichten, dazu Beilagen, Desserts sowie Weihnachtsgebäck.

Die beste Anleitung für ein gelungenes Weihnachtsfest, in Schwaben und in Baden!